Bärbel Oftring

WAS
KRABBELT
DENN DA?
Das Forscherbuch

KOSMOS

INHALT

2

LEGENDE DER STECKBRIEFE

♀ Weibchen   ♂ Männchen

 Wann kannst du es beobachten?

 Merkmale

 Nahrung

 Besonderheit

 Wie viele Beine hat das Tier?

 hat Flügel, kann fliegen

 hat zwar Flügel, kann aber nicht fliegen

 hat keine Flügel

GRÜNE STINKWANZE

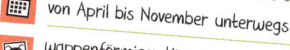 von April bis November unterwegs

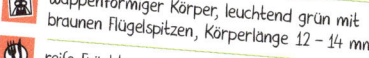 wappenförmiger Körper, leuchtend grün mit braunen Flügelspitzen, Körperlänge 12 – 14 mm

 reife Früchte, junge Samen

Kann ihre Farbe verändern: Vom Frühjahr bis zum Herbst ist sie grün, im Winter braun.

AUF KRABBELTIERSAFARI

Insekten, Spinnen und andere Kleintiere leben überall. Um sie zu erkunden, brauchst du nicht viel – nur eine Lupe und dazu dein Forscherbuch.

Viele Krabbeltiere sind so klein, dass du ihre interessanten Details mit bloßem Auge nicht erkennen kannst. Deshalb brauchst du ein Vergrößerungsglas. Eine Becherlupe eignet sich besonders gut: Mit dem Gefäß kannst du die kleinen Krabbler behutsam einfangen und sie dann durch die Lupe im Deckel betrachten. Wähle einen schattigen Ort für deine Forschungen, damit dem Tierchen im Becher nicht heiß wird – und lass es nach höchstens fünf Minuten wieder wohlbehalten dort frei, wo du es gefunden hast.

Praktisch: die Becherlupe

WO FINDEST DU KRABBELTIERE?

Um Krabbeltiere zu entdecken, musst du dich nur dorthin begeben, wo Pflanzen wachsen: Auf Blüten und Blättern, an Stängeln und Halmen, auf und im Erdboden leben viele verschiedene Insekten, Spinnen, Schnecken und andere Kleintiere. Die Tiere, die in diesem Buch vorgestellt werden, sind nach ihrem Lebensraum geordnet.

Sei nicht enttäuscht, wenn du an manchen Tagen kaum ein Krabbeltier entdeckst. Suche einfach am nächsten und übernächsten Tag diese Plätze wieder auf, verweile dort auch immer ein bisschen. Beachte auch, dass die allermeisten Kleintiere nur wenige Wochen oder Monate leben und dass sie in der kalten Jahreszeit an einem versteckten Platz starr vor Kälte ruhen.

Wichtig!

Setze niemals Tiere in die Becherlupe, die dafür viel zu groß sind, wie Schmetterlinge oder Libellen. Auch keine Weberknechte – sie versprühen ein giftiges Sekret, an dem sie selbst zugrunde gehen können.

DEIN FORSCHERBUCH

Noch ein paar weitere Hilfsmittel unterstützen dich auf deiner Krabbeltiersafari: Mit einem Pinsel aus deinem Malkasten kannst du zarte Kleintiere vorsichtig aufnehmen und in die Becherlupe setzen. Um deine Beobachtungen festzuhalten, brauchst du ein Notizbuch und einen Stift. Notiere darin, was du beobachtet hast, also zum Beispiel einen Schmetterling auf einer Blüte. Ergänze dazu, wie der Schmetterling heißt, wo und wann du ihn beobachtet hast und auf welcher Blüte er saß – noch wertvoller sind deine Notizen, wenn du dazu eine kleine Zeichnung anfertigst. Vielleicht magst du sogar ein Krabbeltier-Tagebuch führen und jeden Tag hineinschreiben, was du beobachtet hast.

SCHON GESEHEN?

In diesem Buch findest du auf jeder Themenseite unten rechts Platz für deine eigenen Forschungen. Du kannst hier Datum, Uhrzeit und Ort deiner Beobachtungen vermerken oder besondere Entdeckungen notieren.

Das hilft bei Mückenstichen

Wenn du von einer Stechmücke gestochen wurdest, spucke auf die betroffene Stelle – das lindert Juckreiz und Schmerzen.

ACHTUNG!

Bienen, Hummeln und Wespen können stechen, ebenso im Wasser lebende Wanzen. Hundertfüßer können beißen und auch Spinnen versuchen dies, wenn sie sich bedroht fühlen. Außer der Dornfingerspinne gelingt es keiner Spinne in Deutschland, unsere Haut zu durchdringen, aber zukünftig kann sich das mit dem Wandel des Klimas durch neu hinzuwandernde Arten ändern. Daher fasse nur die Krabbeltiere mit bloßen Händen an, die du auch wirklich kennst. Alle anderen setzt du zum Erkunden oder wenn du das Insekt ins Freie bringen möchtest in einen Behälter.

MACH MIT!

Du hast das bestimmt auch schon mitbekommen: Den Insekten bei uns geht es sehr schlecht. Innerhalb der letzten 20 Jahre sind über 80 Prozent der bei uns lebenden Insekten verschwunden. Das hat dramatische Folgen: Viele Vögel, Fledermäuse und andere Wildtiere finden nun kaum noch Nahrung für sich und ihren Nachwuchs. Auf den nächsten Seiten liest du jede Menge Tipps, was du Gutes für sie tun kannst.

Der Rückenschwimmer ist eine Wasserwanze – er kann stechen!

Der Engerling ist die Larve des Maikäfers.

IM FRÜHLING

Die Tage werden im Lauf von März, April und Mai merklich länger und wärmer. Das weckt auch die Insekten und andere Krabbeltiere auf, die den Winter über in ihren Verstecken geruht haben.

Zitronenfalter, Tagpfauenauge und Kleiner Fuchs sind die ersten Insekten, die schon an warmen, sonnigen Februar- und Märztagen unterwegs sind. Diese Schmetterlinge haben den Winter als fertige Falter überdauert, während die meisten Schmetterlinge als Ei, Raupe oder Puppe überwintern und nun ihre Entwicklung erst beenden müssen. An den zeitigen Frühlingsblumen kannst du diese hübschen Schmetterlinge entdecken. Auch die dicken Hummelköniginnen verlassen sehr früh im Jahr ihre Verstecke – sie besuchen die pollenreichen Weidenkätzchen und suchen im Erdreich nach guten Plätzen für ihr Nest.

Das Weibchen des Zitronenfalters ist ganz hell.

MACH MIT!

Ab März sind auch die kleinen Wildbienen unterwegs, die eifrige Bestäuber von Apfel-, Kirsch- und vielen anderen Blüten sind. Biete ihnen Nisthilfen an – auf Seite 9 findest du eine Bastelanleitung dafür. Weil sich viele Insekten von Pollen und Nektar ernähren, blühen schon jetzt im Frühling auf dem Balkon oder im Garten viele Blumen: Krokusse, Lichtnelken, Schlüsselblumen, Berg-Steinkraut und Löwenzahn.

Wichtig zu wissen!

Findest du eine entkräftete Hummelkönigin, so hilf ihr: Rette sie aus der misslichen Lage und biete ihr einen kleinen Schluck Zuckerlösung an, zum Beispiel in einem umgedrehten Lego-Baustein.

Paarungsrad der Azurjungfer

IM SOMMER

Im Juni, Juli und August hat das Insektenjahr seinen Höhepunkt: Überall vermehren sich nun die Insekten. Du kannst sie bei der Paarung beobachten und ihre Larven entdecken. Raus in Garten und Natur zum Erkunden!

Wo du hinschaust, pflanzen sich die Krabbeltiere fort: Feuerwanzen paaren sich, auf den weißen Doldenblüten ebenso die Weichkäfer. Libellen bilden mit ihren Körpern das typische Paarungsrad, das wie ein fliegendes Herzchen aussieht. Auch Ameisen, Bienen und Hummeln starten nun zum Hochzeitsflug. Ameisenköniginnen haben nur in dieser Zeit Flügel.

Drehst du Blätter um, findest du die Eigelege von Stinkwanzen – und Wolfsspinnen tragen ihre Eier in einem zarten rosafarbenen Gespinst am Hinterleib mit sich herum.

Eigelege der Stinkwanze

Überall entdeckst du auch die Kinder der Insekten, Larven genannt: Sie fressen als Raupen Blätter, gehen als Marienkäfer- und Schwebfliegenlarven auf Blattlausjagd oder entwickeln sich als Engerlinge im Boden zu Maikäfern.

MACH MIT!

Verzichte draußen auf künstliche Lichtquellen, denn für alle Tiere ist es wichtig, dass die Nacht dunkel bleibt. Nachtfalter und andere nachtaktive Insekten werden vom Licht magisch angezogen und kommen nicht mehr weg davon. Wenn sie in beleuchtete Räume fliegen, hilf ihnen ins Freie. Sorge auch dafür, dass bei dir ganz viel blüht, damit Bienen und andere Blütenbesucher viel Nektar und Pollen finden.

Erstaunlich!

Blattläuse gebären lebende Junge. Das gelingt, weil im Sommer die flügellosen Blattläuse allesamt Weibchen sind. Mit der Lupe kannst du beobachten, wie aus dem Hinterleib der Blattlausmutter winzige Blattlausbabys schlüpfen.

IM HERBST

Obwohl es oft noch sehr warm ist, zeigen dir die kürzer werdenden Tage, dass der Sommer zu Ende ist. Auch die Kleintiere spüren das im September, Oktober und November und bereiten sich auf den Winter vor.

Auch die Gottesanbeterin wird im Herbst braun.

Die jungen Königinnen der Hummeln und Wespen müssen nun reichlich Nahrung zu sich nehmen, damit sie gestärkt den Winter an einem frostsicheren Platz überleben können. Nektar- und pollenreiche Nahrung, die zum Beispiel Efeu, Astern und Fetthennen bieten, ist nun immer noch wichtig. Auch die anderen Krabbeltiere suchen nun geschützte Überwinterungsplätze auf – etwa zwischen dem herabfallenden Laub am Boden oder in dichten Pflanzengruppen. Viele Insekten überwintern nicht als erwachsene Tiere, sondern als Ei, Larve oder Puppe. Sie ruhen oft im Erdreich. Die meisten ausgewachsenen Insekten gehen im Herbst zugrunde, auch viele Schmetterlinge und vor allem die Staaten von Hummeln und Wespen. Spätestens in den ersten frostigen Nächten sind ihre Nester verlassen: Nun kannst du dir in Ruhe ein Wespen- oder Hornissennest anschauen.

MACH MIT!

Damit Insekten, Spinnen und andere Kleintiere gut über den Winter kommen, lässt du Verblühtes über den Winter stehen. Auch die Beete werden nicht abgeräumt, denn ein ungeschützter Boden friert viel tiefer durch und mit ihm die darin ruhenden Krabbeltiere. Lass auch das Laub liegen oder kehre es unter die Büsche, wo es liegen bleiben darf. Verwende niemals einen Laubstaubsauger, der wertvolles Tierleben zerstört!

Schau mal!

Stinkwanzen und Florfliegen überwintern als fertige Insekten. Nun wechseln sie ihre Färbung von grün zu braun, denn zwischen dem braunen Falllaub oder in Rindenspalten sind sie so besser getarnt. Im Frühjahr werden sie mit den austreibenden Blättern wieder grün.

Winterfester Kalkdeckel

Viele Marienkäfer schlafen eng aufeinander.

IM WINTER

Ruhe kehrt ein, nicht nur bei den Pflanzen, auch bei den Tieren: Die Vögel ziehen sich zurück und auch die kleinen Krabbeltiere, für die es nun viel zu kalt ist. Zeit zum Basteln!

Insekten, Spinnen und Co. halten nun Winterruhe, störe sie nicht! Wenn dann im Februar die Sonne scheint und Luft und Erde mit ihren Strahlen erwärmt, werden schon die ersten Schmetterlinge und Hummeln wieder munter – sie zeigen dir, dass bald der Frühling kommt. Jetzt kannst du aus Bambusstäben viele kleine Nisthilfen für Wildbienen bauen. In den hohlen Pflanzenstängeln wachsen die Larven heran, für die die Wildbienenmutter reichlich Pollen eingetragen hat.

Stelle oder hänge die Wildbienen-Nisthilfe ab März an einer sonnigen, warmen, regen- und windgeschützten Stelle auf. Du kannst sorgenlos beobachten, wie die Wildbienen viele Brutzellen in jedem Stab anlegen und mit Pollen füllen. Lass die Nishilfe draußen, ein Jahr später schlüpft die nächste Generation Wildbienen.

MACH MIT!

1. Säge Bambusstäbe oder gesammelte Holunderstängel in 13 – 20 cm lange Stücke.

2. Säubere das Innere sorgfältig mit einer dünnen Bürste oder mit Pfeifenputzern.

3. Glätte den Rand einer Öffnung mit feinem Sandpapier, verschließe das andere Ende mit Watte.

4. Bündele nun zehn bis 15 Bambusstäbe und fixiere sie mit Schnur.

Erstaunlich!

Der Zitronenfalter überwintert an einem Zweig. Damit er nicht erfriert, hat er Frostschutzmittel in seinem Körper.

AUF SPURENSUCHE

Viele Krabbeltiere hinterlassen Spuren, die ihre Anwesenheit verraten – auch wenn du diese Insekten, Spinnen oder Schnecken nicht siehst. Am auffälligsten sind die Bauwerke der Roten Waldameise und die kunstvollen Netze der Spinnen.

AMEISENHAUFEN

Die Nadelhaufen der Roten Waldameise ragen bis zu einen Meter auf, doch auch die Nester der Wegameisen bilden an Grasbüscheln oft kleine Haufen. Mit etwas Abstand kannst du im Sommer das emsige Treiben dort beobachten. Findest du eine Ameisenstraße, die zum Nest führt?

MEISTERWERKE AUS PAPIER

Auch die Papiernester der Wespen und Hornissen kannst du entdecken. Halte dich aber fern, denn die Tiere greifen jeden sofort an, der sich dem Nest nähert. Warte bis zum Winter, wenn das Nest verlassen ist. Dann kannst du es vorsichtig abnehmen und mit nach Hause nehmen. Unglaublich, dass Wespen so dünnes Papier aus morschem Holz herstellen und dass ein ganzes Volk in so einem dünnwandigen Nest lebt.

SELTSAME KUGELN

Nicht alle Wespenarten sind Baumeister. Die Larven der Gallwespen wachsen in kugeligen oder andersförmigen Gallen heran, die sich auf Blättern bilden. Mehr darüber erfährst du auf S. 70/71.

GESPINSTNESTER

Manche Schmetterlingsraupen wie die von Tagpfauenauge, Eichenprozessionsspinner oder Gespinstmotte produzieren ein dichtes Fadengespinst, in dem sie zu vielen leben – das Gespinst schützt die Raupen vor Vögeln und anderen Feinden.

Wichtig zu wissen!

Die Raupen des Eichenprozessionsspinners haben Brennhaare, die die Haut und Atemwege des Menschen reizen. Viel Abstand halten!

Labyrinthspinne

Baldachinspinne

Wiesenschaumzikade

11

Schau mal!

Spuren wie Spinnennetze kannst du nicht mitnehmen, auch nicht das Schaumnest der Wiesenschaumzikade, das wie Spucke an Halmen klebt. In deinem Forscherbuch kannst du diese Spuren aber als Notiz oder Zeichnung festhalten. Oder du machst ein Foto.

Die Kreuzspinne webt ein sehr ordentliches, rundes Netz.

SPINNENNETZE

Mit einer Wassersprühflasche begibst du dich auf Spinnennetz-Forschertour. Besprühe Rasen- und Wiesenflächen, Gebüsche und dichte Pflanzen mit dem feinen Wassernebel – so machst du die Spinnennetze sichtbar. Versuche herauszufinden, welche Spinnenart das Netz gebaut hat. Spinnen bauen täglich ein neues Netz, weil die Fäden an der Luft ihre Klebkraft verlieren und sich nicht mehr zum Fangen von Beute eignen.

FRASSSPUREN

Vor allem Blätter sind eine beliebte Nahrung der Krabbeltiere: In ihnen findest du Löcher, die von Raupen, Blattwespen, Käfern oder Schnecken stammen. Schau auf der Blattunterseite nach, denn dort findest du manchmal noch den kleinen Blätterfresser. Schleimige Spuren und kleine dunkle Kotkrümel deuten auf eine Schnecke als Verursacher hin.

Manche Blätter weisen bräunliche, gewundene Gänge auf, die im Blatt zu sein scheinen – dort hat sich die Raupe einer Miniermotte durchs Blatt gefressen. Der Fraßgang endet in einer kleinen Kammer, in der sich die Raupe zur Motte verpuppt.

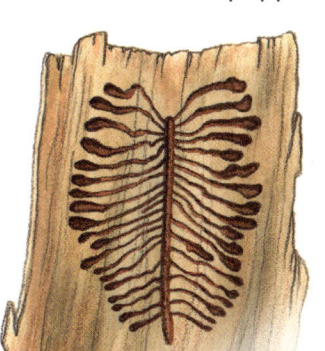
Unter der Rinde findest du die Fraßspuren der Borkenkäfer. Mehr dazu erfährst du auf S. 72.

*Meist im Bad: Es ist das Silberfischchen (S.34).

Überall, wo Menschen leben, gibt es auch Fliegen. Manche lieben Süßes, andere fliegen auf alles, was so richtig schön stinkt.

Wo im Haus begegnest du diesem Schnurrbartträger?*

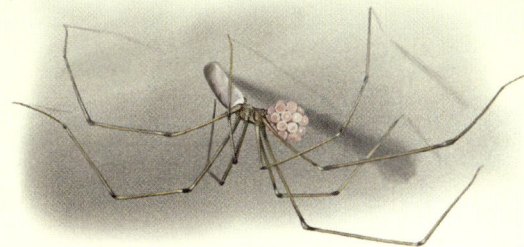

IN DEINER NÄHE

In unseren Städten leben heutzutage mehr Krabbeltiere als auf den Äckern und Feldern. Hier finden sie alles, was sie zum Leben brauchen. Besonders viele Insekten tummeln sich in naturnah gestalteten Gärten mit Stein- und Asthaufen, sandigen Bodenstellen, blühenden Büschen und Blumenwiesen. Bienen und Schmetterlinge finden dort reichlich Nektar und Pollen.

Wenn du Insekten etwas Gutes tun willst, verzichte auf regelmäßiges Mähen – es nimmt den Insekten ihren Lebensraum. Auch das Säen und Pflanzen von heimischen Wildblumen und -sträuchern ist wichtig. Wenn es draußen im Garten summt und brummt und viele Insekten unterwegs sind, hast du alles richtig gemacht.

In Hohlstängeln nisten Wildbienen. Sie sind für uns Menschen sehr wichtig – als Blütenbestäuber.

BLÜTEN BESTÄUBER

Mit Beute geht es zurück in den Stock.

14

Viele Blüten locken mit ihrem Blütenstaub und süßen Nektar Insekten an. Bienen sind die häufigsten Gäste. Bei jedem Besuch bestäuben sie die Blüten.

Eine Honigbiene kommt nie allein. Sie bildet mit bis zu 80.000 Arbeiterinnen einen großen Staat, der im Bienenstock wohnt. Imker kümmern sich um die Honigbienen, die aus dem Nektar der Blüten Honig machen. In jedem Honigbienenstaat gibt es eine Königin, die im Sommer täglich bis zu 2.000 Eier legt.

Sie verlässt nie den Stock. Die Arbeiterinnen versorgen das ganze Volk: Sie besorgen die Nahrung, bauen die Waben und pflegen die Larven, die Königin und die Drohnen.

Die Blauschwarze Holzbiene hingegen triffst du meist allein an Blüten an. Im Frühjahr paart sich das Weibchen. Danach nagt es 11 mm dicke Gänge in hartes Totholz für die Brut: Sie füllt eine große Portion Pollen und Nektar ein, legt ein Ei darauf und baut aus zerkauten Holzspänen eine Wand für die nächste Brutzelle.

HONIGBIENE

 Du kannst sie das ganze Jahr über entdecken.

 braun, durchsichtige Flügel, Hinterleib vorne rötlich, kann stechen, Körperlänge bis zu 12 mm, Königin bis zu 22 mm, Drohnen bis zu 17 mm

 Nektar, Pollen, selbst gemachter Honig

 Die Honigbiene ist das einzige Insekt, das als Nutztier gehalten wird.

Schau mal!

Beobachte eine Biene auf einer Blüte mit der Lupe: Sie hat einen Saugrüssel, mit dem sie flüssigen Nektar oder Wasser aufsaugen kann. An der Rüsselspitze sitzt ein Löffelchen, mit dem die Biene auch lecken kann.

BLAUSCHWARZE HOLZBIENE

 von Februar bis September unterwegs

 so groß wie eine Hummel, wenig behaart, schwarz, blau schillernde Flügel, Körperlänge 20 – 30 mm

 Nektar, Pollen

Diese Wärme liebende Wildbiene breitet sich aus. Sie besucht besonders gern die Blüten von Glyzinien (Blauregen).

GEMEINE LÖCHERBIENE

 von Juni bis September unterwegs

 klein, dunkel gefärbt, mit hellen Haaren, lange gelbbraune Haare auf der Unterseite des Hinterleibes (Bauchbürste für Pollen), Körperlänge 6 – 7 mm

 Pollen, Nektar

 Sie besucht nur die Blüten von Ringelblumen, Flockenblumen, Astern und anderen Korbblütlern. Sie nimmt Nisthilfen an (Ø 3 – 4 mm) und verschließt die Brutzellen mit Baumharz.

Wenn du mehr über Honigbienen erfahren möchtest, musst du einen Imker besuchen. Er zeigt dir die lebenden Bienen im Bienenstock, erklärt dir das Bienenjahr und welche Geräte er zum Honigschleudern benötigt. Frag ihn, wie es seinen Bienen geht und welche Blüten sie besuchen.

SCHON GESEHEN?

AN DER WILDBIENEN-NISTHILFE

Die meisten Wildbienen nisten in sandigem Boden, doch etliche wählen für ihre Brut Löcher in Holz und hohle Pflanzenstängel – sie nehmen auch gern Nisthilfen an.

Anders als die Honigbiene leben Wildbienen meist allein: Sie schlüpfen im Frühjahr bis Sommer aus ihrer Brutzelle und paaren sich. Danach sucht das Weibchen nach geeigneten Plätzen für die Brut, zum Beispiel in den Bambusstäben oder gebohrten Holzlöchern der Nisthilfen. Es legt hintereinander einzelne Brutzellen im Hohlraum an. In jeder Brutzelle befindet sich genügend Pollen und Nektar als Nahrung für die Larve, die darin bald aus dem abgelegten Ei schlüpft. Wildbienen leben nur wenige Wochen – wenn das Weibchen bis zu 30 Brutzellen angelegt hat, stirbt es. Ein Jahr später verlässt die nächste Generation die Nisthilfe und wiederholt das Leben der Eltern. Wie du eine Nisthilfe baust, steht auf Seite 9.

Übrigens ist weder die Maskenbiene noch die Blattschneiderbiene gemein – der Namenszusatz bedeutet, dass sie die jeweils häufigste, also gewöhnlichste Art ihrer Familie ist.

ROSTROTE MAUERBIENE

 von März bis Juni unterwegs

 kleine Wildbiene mit orangebraun behaartem Hinterleib, Männchen kleiner und mit weißen Haaren im Gesicht, Körperlänge 8 – 13 mm

 Nektar, Pollen

 Die Männchen schlüpfen vor den Weibchen und warten vor den Brutzellen auf sie. Diese Wildbiene nimmt sehr schnell neue Nisthilfen in Holz, Bambus und Schilfhalmen an (Ø 5 – 7 mm).

Schau mal!

Das Treiben an den Nisthilfen kannst du aus nächster Nähe beobachten, da die Wildbienen ihren Nistplatz nicht verteidigen. Zuerst krabbeln sie vorwärts in die Röhre, um Nektar oder Baumaterial für die Wände abzulagern, dann rückwärts zum Abladen von Pollen.

GEMEINE MASKENBIENE

📅 von Mai bis September unterwegs

🐝 klein, schwarz, wenig behaart, gelbe Flecken im Gesicht, Körperlänge 4,5 – 7 mm

🍴 Pollen, Nektar

🏆 Diese kleine Wildbiene besucht viele verschiedene Blüten. Sie nimmt Löcher in hartem Holz (∅ 2 – 4 mm) und Schilfhalme an.

GEMEINE BLATTSCHNEIDERBIENE

📅 von Mai bis September unterwegs

🐝 braun, gelblich behaart, lange rötliche bis schwarze Haare auf der Unterseite des Hinterleibes (Bauchbürste für Pollen), Körperlänge 10 – 11 mm

🍴 Pollen, Nektar

🏆 Sie schneidet mit ihren Mundwerkzeugen runde Stücke aus Blättern und kleidet damit Niströhre und Brutzellen aus. Sie nimmt Nisthilfen aus Holz oder Bambusrohr an (∅ 5 – 7 mm).

🔍

Wildbienen sind die wichtigsten Blütenbestäuber bei uns, wichtiger noch als die Honigbiene. Ohne Wildbienen gäbe es Äpfel, Kirschen und viele andere Früchte nicht. Beobachte eine Wildbiene bei ihrem Blütenbesuch. Den Pollen bürstet sie mit den Haaren auf der Unterseite des Hinterleibes von der Blüte ab und transportiert ihn zum Nistplatz. Beim Bürsten bestäubt sie die Blüte gründlicher als eine Honigbiene.

SCHON GESEHEN?

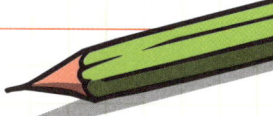

RÄUBER UND BEUTE

Manche Blattlausgenerationen entwickeln Flügel.

18

In der Natur sind alle Lebewesen miteinander vernetzt – auch Räuber mit ihrer Beute. Räuber sorgen dafür, dass sich die Beute nicht ins Unermessliche vermehrt.

Marienkäfer und Blattläuse sind ein Beispiel für Räuber und Beute. Blattläuse sitzen an weichen Stängeln, Blättern, Knospen und Blüten. Mit ihrem Saugrüssel bohren sie sich in die Pflanze und saugen die Pflanzensäfte aus. Den überschüssigen Zucker aus den Säften scheiden sie aus – darum klebt es dort, wo Läuse sind. Blattläuse können sich sehr schnell vermehren, denn sie können jederzeit lebende Junge gebären. Weil sie so zahlreich sind, sind Blattläuse eine attraktive Nahrung für Insekten. Darum ernähren sich nicht nur die erwachsenen Marienkäfer, sondern auch deren Larven nur von Läusen. Eine einzige Marienkäferlarve vertilgt während ihrer vierwöchigen Entwicklung zum fertigen Käfer über 600 Läuse. Die Käfer werden bis zu ein Jahr alt und fressen noch mehr. Neben dem heimischen Siebenpunkt- leben bei uns immer mehr Asiatische Harlekin-Marienkäfer.

BLATTLAUS

6

📅 von Mai bis September unterwegs

🔲 rundlich, gelb, grün, rosa bis schwarz, manche mit grauen Wachsstreifen, Körperlänge 1 – 3 mm, es gibt geflügelte und ungeflügelte Formen

🍴 Pflanzensaft

🏆 Bei uns gibt es über 800 verschiedene Blattlausarten.

Schau mal!

Mit der Lupe kannst du beobachten, wie Blattläuse saugen, lebende Junge gebären und von Ameisen gemolken werden. Du kannst auch noch mehr Blattlausjäger entdecken, die Larven von Florfliegen und Schwebfliegen zum Beispiel.

SIEBENPUNKT-MARIENKÄFER

6

 Du kannst ihn das ganze Jahr über entdecken.

 hoch gewölbter Rücken, schwarzes Halsschild mit zwei weißen Punkten, Flügeldecken rot mit sieben schwarzen Punkten, Körperlänge 5 – 8 mm

 Blattläuse

🏆 Ein Weibchen kann pro Jahr bis zu 800 Eier legen. Marienkäfer überwintern gern in kühlen Gebäudeteilen.

ASIAT. HARLEKIN-MARIENKÄFER

6

 Du kannst ihn das ganze Jahr über entdecken.

 sehr verschiedene Färbungen von gelb bis rot oder fast schwarz mit 0 – 21 meist schwarzen Punkten, Halsschild oft hell und mit einer W-Zeichnung, Körperlänge 6 – 8 mm

 Blattläuse, Eier, Larven und Puppen von allen Marienkäferarten und anderen weichhäutigen Insekten

🏆 Er wurde vor rund 40 Jahren in den USA zur Schädlingsbekämpfung eingesetzt und kam von dort vor knapp 20 Jahren nach Europa. Weil seine Larven auch den Nachwuchs heimischer Marienkäfer fressen, ist er unerwünscht.

SCHON GESEHEN?

Die blaugrauen Marienkäferlarven mit den orangen Flecken sehen ganz anders aus als die erwachsenen Käfer. Sie schlüpfen aus kleinen gelben Eiern und häuten sich mehrmals in ihrer Entwicklung. Wenn sie die endgültige Größe erreicht haben, verpuppen sie sich auf der Pflanze. In der Puppenhülle wird die Larve zum fertigen Käfer umgebaut, der bald schlüpft.

KÄFER ODER WANZE?

Wanzenbabys sind schon entwickelt, nur die Flügel fehlen.

Käfer und Wanzen sehen sich auf den ersten Blick sehr ähnlich – doch mit diesem Wissen kannst du sie leicht voneinander unterscheiden, selbst wenn beide grün gefärbt sind.

Es gibt nicht so viele grüne Käfer und Wanzen. Rosenkäfer besuchen die Blüten der Büsche, vor allem von Holunder, Hartriegel, Weißdorn und Rosen. Zur Eiablage fliegt der Rosenkäfer gern auf Komposthaufen. Darin entwickeln sich die engerlingähnlichen Larven in ein oder zwei Jahren zu fertigen Käfern.

Auch den Grünen Schildkäfer triffst du auf Pflanzen an, meist aber auf den Blättern von Lippen- oder Korbblütlern. Dort ist er dank seiner grünen Farbe gut getarnt.

Die Grüne Stinkwanze trägt ihren Namen zu Recht: Bei Bedrohung sondert sie ein stinkendes Sekret ab. Himbeeren und andere Früchte, an denen sie gesaugt hat, schmecken eklig. Diese Wanze verbringt den Winter an einem geschützten Platz, manchmal auch in Gebäuden. Wanzen verpuppen sich nicht wie Käfer – mit jeder Häutung wird die flügellose Larve der erwachsenen Wanze ähnlicher, bei der letzten bildet sie dann Flügel aus.

GRÜNE STINKWANZE

6

 von April bis November unterwegs

 wappenförmiger Körper, leuchtend grün mit braunen Flügelspitzen, Körperlänge 12 – 14 mm

 reife Früchte, junge Samen

🏆 Diese Wanze kann ihre Farbe verändern: Vom Frühjahr bis zum Herbst ist sie grün, im Winter braun.

Schau mal!

Daran erkennst du Wanzen: Die harten Deckflügel bedecken nicht den ganzen Hinterleib, sodass auch die häutigen Flügel sichtbar sind. Mit ihrem Saug-Stechrüssel können sie nur saugen. Sie klappen ihn unter den Bauch, wenn sie ihn nicht mehr brauchen.

ROSENKÄFER

 von Mai bis Oktober unterwegs

 recht flacher, eckiger Körper, metallisch grün glänzend, Körperlänge 14 – 20 mm

Pollen, Nektar, reife Früchte, Pflanzensäfte

Rosenkäfer fliegen besonders: Sie strecken die häutigen Hinterflügel seitlich heraus, die harten Deckflügel bleiben geschlossen.

GRÜNER SCHILDKÄFER

von Mai bis Oktober unterwegs

grün, flach, schildförmige Deckflügel und Halsschild, Körperlänge 7 – 10 mm

Blätter

Bei Gefahr drückt sich der Käfer dicht ans Blatt, dabei verschwinden die Beine und Fühler unter dem schützenden Körperschild.

SCHON GESEHEN?

Daran erkennst du einen Käfer:
Käfer besitzen zwei komplett harte,
feste Deckflügel, die den gesamten Hinterleib
bedecken. Und die Mundwerkzeuge bestehen
aus mehreren Teilen, mit denen die Käfer beißen
und kauen können.

LECKER, BRENNNESSELN!

22

Schmetterlingsraupen ernähren sich von bestimmten Blättern. Zu den wichtigsten Futterpflanzen gehören Brennnesseln, an denen über 20 verschiedene Raupenarten fressen.

Die bis zu 42 mm langen Raupen des Tagpfauenauges sind schwarz mit weißen Punkten und schwarzen Dornen. Es dauert fünf bis sechs Wochen, bis der fertige Falter aus der Puppenhülle schlüpft. Im Herbst suchen Tagpfauenaugen einen geschützten Platz, an dem sie den Winter über ruhen. An warmen Märztagen erwachen sie aus der Winterruhe und besuchen als eine der ersten Schmetterlingsarten im Jahr die Frühlingsblüten. Auch der Kleine Fuchs überwintert als fertiger Schmetterling. Seine bis zu 30 mm langen, dornigen Raupen erkennst du an den gelben und schwarzen Längsstreifen.

Der Distelfalter verbringt den Winter in Nordafrika. Von dort wandern die Falter im Frühjahr nach Südeuropa, später über die Alpen zu uns. Seine hellgelb bis grünlich braun gemusterten Raupen sind bis zu 40 mm lang.

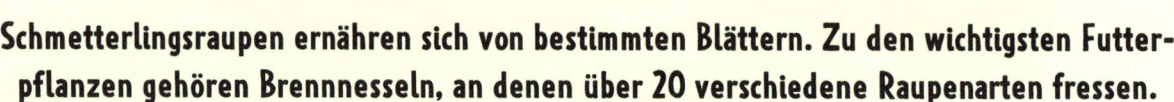

DISTELFALTER

6

📅 von April bis September unterwegs

🦋 orange-schwarz gemusterte Flügel mit weißen Flecken, Körperlänge etwa 30 mm, Flügelspannweite 45 – 60 mm

🐛 Nektar; Raupen: Brennnesseln, Disteln, Malven

🏆 Im Herbst wandert der Distelfalter wieder über die Alpen und das Mittelmeer nach Nordafrika.

Schau mal!

Viele Schmetterlinge sind heute selten geworden. Falter, deren Raupen Brennnesseln fressen, gehören bei uns zu den noch am häufigsten vorkommenden: Das sind Admiral, C-Falter, Landkärtchen, Hausmutter, Gammaeule, Brauner Bär und andere.

Raupe vom Kleinen Fuchs

TAGPFAUENAUGE

 von März bis Oktober unterwegs

 rot-bunte Flügel mit großen »Pfauenaugen«, Körperlänge etwa 30 mm, Flügelspannweite 50 – 60 mm

 Nektar; Raupen: Brennnesseln

 Das vordere Beinpaar ist verkürzt und dient dem Schmetterling zum Putzen.

KLEINER FUCHS

 von Februar bis Oktober unterwegs

 orange Flügel mit gelb-schwarzem Muster am Vorderrand der Flügel, blau-schwarzes Muster an den Flügelkanten, Körperlänge etwa 25 mm, Flügelspannweite 40 – 50 mm

 Nektar; Raupen: Brennnesseln

 Beim Kleinen Fuchs sind nur die Oberseiten der Flügel bunt. Die Unterseiten sind wie beim Tagpfauenauge braun gefärbt. Klappt der Falter seine Flügel zu, ist er perfekt getarnt.

SCHON GESEHEN?

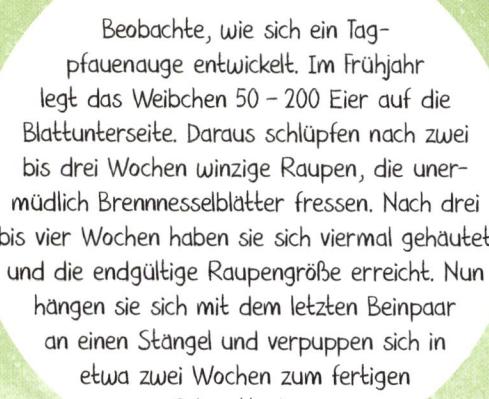

Beobachte, wie sich ein Tagpfauenauge entwickelt. Im Frühjahr legt das Weibchen 50 – 200 Eier auf die Blattunterseite. Daraus schlüpfen nach zwei bis drei Wochen winzige Raupen, die unermüdlich Brennnesselblätter fressen. Nach drei bis vier Wochen haben sie sich viermal gehäutet und die endgültige Raupengröße erreicht. Nun hängen sie sich mit dem letzten Beinpaar an einen Stängel und verpuppen sich in etwa zwei Wochen zum fertigen Schmetterling.

RAUPEN IM GEMÜSEBEET

24

Nicht nur wir Menschen essen gern Gemüse und Kräuter – auch die Raupen einiger Schmetterlinge stehen auf Kohl, Kartoffeln oder Petersilie. Entdecke sie im Gemüsebeet!

Der Große Kohlweißling galt früher als Schädling: Wenn er in Massen vorkam, fraßen seine grünlich gelben, schwarz gepunkteten Raupen die Blätter der Kohlpflanzen kahl – es konnte nur wenig Kohl geerntet werden. Heute ist auch dieser einst häufige Schmetterling deutlich seltener geworden.

Von Kohlblättern ernähren sich auch die bis zu 13 cm langen Raupen des Totenkopfschwärmers. Das Weibchen dieses Nachtfalters braucht eine Honigmahlzeit, bevor es Eier ablegen kann. Daher dringt es in einen Bienenstock ein, um dort Honig zu klauen. Die Honigbienen greifen den Totenkopfschwärmer erstaunlicherweise nicht an, denn er tarnt sich: Sein Körper duftet wie der einer Honigbiene.

Auch einer der größten Tagfalter taucht im Gemüsegarten auf: Der Schwalbenschwanz legt seine Eier auf Fenchel, Pastinake, Möhre und andere Doldenblütler ab.

SCHWALBENSCHWANZ

 von April bis September unterwegs

 sehr großer, schwarz-gelb gemusterter Falter, Hinterflügel mit blau geflecktem Band, rotem Punkt und Zipfel, Körperlänge etwa 35 mm, Flügelspannweite 50 – 75 mm

 Nektar; Raupen: verschiedene Doldenblütler

 Männchen und Weibchen tanzen an markanten Stellen umeinander werbend in der Luft.

Schau mal!

Die grüne Raupe des Schwalbenschwanzes mit den schwarz-roten Streifen stülpt einen orangen Fortsatz im Nacken aus, wenn sie gestört wird. Dabei verströmt sie einen unangenehmen Geruch.

GROSSER KOHLWEISSLING

📅 von April bis Oktober unterwegs

🦋 weiße Flügel mit schwarzen Flügelspitzen, Weibchen zusätzlich mit je zwei schwarzen Punkten, Körperlänge etwa 30 mm, Flügelspannweite 50 – 65 mm

🍽 Nektar; Raupen: Kohl, Raps, Kapuzinerkresse

🏆 Dieser Tagfalter kommt fast nur in Gärten vor. Er bildet bis zu drei Generationen im Jahr und überwintert als Puppe.

TOTENKOPFSCHWÄRMER

📅 von Mai bis Oktober unterwegs

🦋 dunkelgrau-braun gemusterte Flügel mit hellen Flecken, auf der Oberseite der Brust totenkopfähnliche Zeichnung, Körperlänge etwa 60 mm, Flügelspannweite 80 – 120 mm

🍽 Honig; Raupen: Kohl, Kartoffel, Liguster, Flieder

🏆 Der nachtaktive Falter fliegt im Sommer vom Süden über die Alpen zu uns. Wenn er sich bedroht fühlt, zirpt er.

SCHON GESEHEN?

Ein Kohlweißling schlüpft.

Der Große Kohlweißling fliegt weit umher. Zum Nektarsaugen besucht er vor allem rote und violette Blüten wie Klee, Luzerne und Sommerflieder. Beobachte ihn dabei: Er rollt seinen langen Saugrüssel aus und führt ihn tief in die Blüte hinein.

SCHNECKEN-SCHLEIM

Schnecken kriechen auf einer schleimigen Fußsohle. Nicht alle Schnecken haben ein schützendes Haus dabei – Nacktschnecken brauchen gute Verstecke.

Schnecken sind vor allem nachts und bei Regenwetter aktiv. Trockenheit, Sonne und Wind lassen den feuchten Körper der Schnecken rasch austrocknen. Den Winter über ruhen sie völlig bewegungslos an einem geschützten Platz. Auch in heißen Sommerwochen halten Schnecken eine Ruhepause.

Beobachte eine Schnecke beim Fressen: Sie raspelt ihre Nahrung mit der rauen Zunge ab. Die Weinbergschnecke ist die größte an Land lebende Gehäuseschneckenart in Europa. Sie kommt nicht nur in Weinbergen vor, sondern überall dort, wo es warm und reich an Kalk ist – auch in Gärten, Parks und am Waldrand.

Die Garten-Bänderschnecke ist eine der häufigsten Gehäuseschnecken im Garten. Sie kriecht bis zu 7 cm in der Minute voran. Nacktschnecken besitzen kein Gehäuse mehr und können sich dadurch gut in engen Bodenspalten verstecken.

WEINBERGSCHNECKE

 von April bis Oktober unterwegs

 bis zu 5 cm hohes, braunes Gehäuse, hellbrauner Körper mit zwei langen, einziehbaren Fühlern am Kopf, Körperlänge bis zu 10 cm

 welke und grüne Blätter, Triebe und andere Pflanzenteile

 Weinbergschnecken können gut klettern. Sie können über 30 Jahre alt werden.

Schau mal!

Bei den Schnecken gibt es keine Männchen und Weibchen, denn jede Schnecke ist beides zugleich. Biologen nennen solche Wesen Zwitter. Bei der Paarung begatten sich zwei Schnecken gegenseitig und jede legt danach Eier im Erdboden ab.

GARTEN-BÄNDERSCHNECKE

 von April bis Oktober unterwegs

 etwa 2 cm großes, gelbes, rosa oder rotes Gehäuse mit meist fünf braunen Bändern, manchmal auch ohne Bänder, Körperlänge bis zu 3,5 cm

 auf feuchten Steinen wachsende Algen, sich zersetzende Pflanzen

🏆 Während der sommerlichen Ruhezeit verschließt sie die Öffnung des Gehäuses mit Schleim, der zu einem silbernen Häutchen trocknet.

WEGSCHNECKE

 von April bis Oktober unterwegs

 schwarzer, brauner oder roter Körper, deutliches Atemloch an der Seite, Körperlänge bis zu 20 cm

 Blätter, Früchte, Gemüse, Salat, auch Kot, Aas und tote Schnecken

🏆 Wegschnecken sind die häufigsten Schnecken bei uns. An der fein gekörnten Fläche auf dem Rücken erkennst du, wo die Vorfahren der Nacktschnecken einst ihr Gehäuse trugen.

SCHON GESEHEN?

Am Ende der langen Fühler sitzt je ein kleines schwarzes Auge. Damit kann die Schnecke nur erkennen, ob es dunkel oder hell ist. Die unteren Fühler sind kleiner. Mit ihnen tastet und schmeckt die Schnecke.

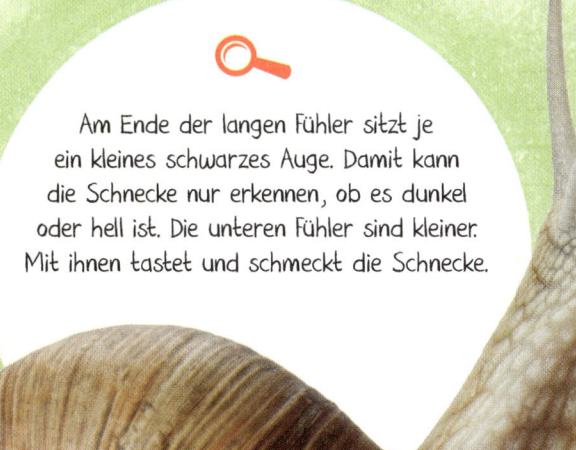

WEDER WURM NOCH FLIEGE

Wohnung des Ohrwurms

Manche Insekten tragen falsche Namen: Der Ohrwurm ist ebenso wenig ein Wurm wie die Florfliege eine Verwandte der Fliegen. Alle Insekten auf dieser Seite sind nachtaktiv.

Die Gemeine Florfliege ist ein Netzflügler. Die erwachsenen Tiere besuchen abends und nachts Blüten, ihre bräunlichen, schlanken Larven jagen Blattläuse. Sie überwältigen ihre Beute mit spitzen, nach vorne gestreckten Kiefern. Man nennt sie auch Blattlauslöwen.

Mit der Florfliege ist auch die Ameisenjungfer verwandt. Sie erbeutet mit ihren Vorderbeinen vor allem kleine Nachtfalter. Viel bekannter als das erwachsene Tier ist aber ihre Larve, der Ameisenlöwe.

Einen Ohrwurm entdeckst du am einfachsten in dicht gefüllten Rosenblüten, unter Steinen oder Blumenkübeln. Gärtner hängen für sie oft mit Holzwolle gefüllte Blumentöpfe in Obstbäumen auf, da Ohrwürmer Blattläuse erbeuten. Sie mögen aber auch reifes Obst – darum entfernst du am besten diese Unterkünfte zur Zeit der Obstreife.

GEMEINE FLORFLIEGE

📅 Du kannst sie das ganze Jahr über entdecken.

🔍 grüner, zarter Körper mit langen, durchsichtigen Flügeln, Körperlänge 10 – 15 mm

🍽 Pollen, Nektar, Honigtau; Larven: Blattläuse

🏆 Die Florfliege verfärbt sich im Herbst braun und im Frühjahr wieder grün. Die kleinen Eier sehen wie Luftballons an Schnüren aus.

Schau mal!

Die Gemeine Florfliege besitzt goldene Augen, die manchmal sogar in Regenbogenfarben schillern. Darum wird sie auch Goldauge genannt. Wenn sie ruht, legt sie die Flügel wie ein Dach auf ihrem Rücken zusammen.

GEMEINE AMEISENJUNGFER

 von Mai bis August unterwegs

 bräunlicher, libellenähnlicher Körper mit sehr langen Fühlern, in Ruhe dachförmig auf dem Rücken zusammengelegte Flügel, Körperlänge bis zu 35 mm

 kleine Nachtfalter und andere Insekten

 Von den Libellen unterscheidet sie sich durch die nächtliche Aktivität sowie durch die unbeholfen wirkende Flugweise.

GEMEINER OHRWURM

 Du kannst ihn das ganze Jahr über entdecken.

 langer brauner Körper mit Zangen am Hinterleib (beim Weibchen gerade, beim Männchen lang und gebogen), Körperlänge 10 – 16 mm

 Blattläuse und andere kleine Tiere, zarte Pflänzchen, Früchte

 Die Weibchen bauen ein Nest im Erdreich, sie kümmern sich darin fürsorglich um ihre Eier und die kleinen Larven. Ohrwürmer haben Flügel und können fliegen, tun es aber nur sehr selten.

SCHON GESEHEN?

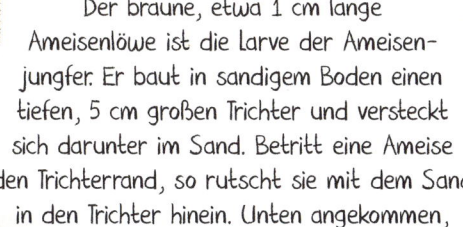

Der braune, etwa 1 cm lange Ameisenlöwe ist die Larve der Ameisenjungfer. Er baut in sandigem Boden einen tiefen, 5 cm großen Trichter und versteckt sich darunter im Sand. Betritt eine Ameise den Trichterrand, so rutscht sie mit dem Sand in den Trichter hinein. Unten angekommen, wird sie vom Ameisenlöwen gepackt.

AUF LANGEN BEINEN UNTERWEGS

30

Weberknechte, Zitterspinnen und Schnaken besitzen lange, haardünne Beine. Mit ihnen lässt es sich hervorragend rasch über sehr unebenen Untergrund laufen.

Vor allem beim Weberknecht kannst du beobachten, wie er sich problemlos mit seinen langen, dünnen Beinen in schnellem Schritt über die Pflanzendecke oder Hauswände bewegt. Spalten und andere Hindernisse überbrückt er ganz einfach mit seinen langen Gliedmaßen. Weberknechte setzen stinkende Substanzen frei, um Feinde fernzuhalten. Setze sie daher niemals in eine geschlossene Becherlupe, denn diese Stinkgase betäuben sie auch selbst.

Die Zitterspinne ist eine Echte Webspinne. Sie baut ihre unordentlichen Spinnennetze unter die Zimmerdecke. Darin fängt sie vor allem Mücken, sie überwältigt aber auch große Hausspinnen. Riesenschnaken sind Insekten. Sie kommen abends gern ins Haus, wenn das Licht sie anlockt. Nicht erschrecken: Sie können nicht stechen oder beißen!

WEBERKNECHT

⚏ 8

 von Juni bis Dezember unterwegs

 kleiner brauner, einteiliger Körper, extrem lange, dünne Beine, Körperlänge 4 – 8 mm ohne Beine

kleine Insekten, kleine Spinnentiere, Asseln

 Weberknechte sind keine Webspinnen, daher besitzen sie auch keine Spinndrüsen und können keine Spinnfäden erzeugen.

Schau mal!

Viele Weberknechte haben keine acht Beine mehr, sondern weniger. Wenn ein Weberknecht sich von einem Vogel bedroht fühlt, wirft er ein Bein ab. Das zuckt noch und lenkt den Fressfeind ab, sodass der Weberknecht fliehen kann.

GROSSE ZITTERSPINNE

 Du kannst sie das ganze Jahr über entdecken.

 länglicher grauer, zweigeteilter Körper, extrem lange Beine, Körperlänge 7 – 12 mm ohne Beine

 Mücken und andere kleine Insekten

 Das Weibchen trägt den rosa Eikokon mit bis zu 20 Eiern mit sich herum, bis die jungen Spinnen schlüpfen.

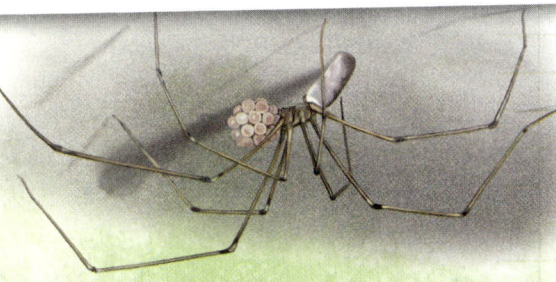

RIESEN- ODER KOHLSCHNAKE

 von Mai bis August unterwegs

 schlanker Körper mit schmalen, bunten Flügeln, extrem lange Beine, Körperlänge bis zu 37 mm

 Nektar; Larven: Wurzeln, Laub

 Mit den Mundwerkzeugen können Schnaken nur Flüssigkeiten wie Nektar oder Wasser aufnehmen. Die Larven leben im Boden.

SCHON GESEHEN?

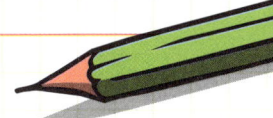

Fühlt sich die Zitterspinne bedroht, so versetzt sie ihr Netz aus einem Gewirr von feinsten Spinnenfäden in schnelle Schwingungen. Dann kann man sie nicht mehr zwischen den Fäden erkennen. Nach etwa drei Lebensjahren stirbt die Zitterspinne, ihr letztes Netz bleibt zurück und verstaubt.

NACHTS AN HELLEN FENSTERN

32

Bei Dunkelheit lockt das Licht von Straßenlampen und beleuchteten Räumen Nachtfalter, Mücken und andere Insekten an. Wenn die Fenster geöffnet sind, fliegen sie hinein.

Neben den etwa 180 Tagfalterarten leben bei uns über 3.300 verschiedene Nachtfalterarten. Etliche werden vom Licht in Räumen magisch angezogen. Zu den häufigsten Irrgästen gehört die Hausmutter. Sie kommt nachts auch freiwillig ins Haus, um darin tagsüber zu ruhen. So kam sie zu ihrem Namen.

Ebenso häufig verirrt sich der nachtaktive Brennnesselzünsler in beleuchtete Zimmer. Tagsüber versteckt er sich zwischen krautigen Pflanzen. Er fliegt sofort auf, wenn er sich gestört fühlt.

Die Gammaeule ist auch tagsüber aktiv. Da im Lauf des Sommers auch Gammaeulen aus dem Süden bei uns einfliegen, fällt dieser Falter vor allem ab dem Spätsommer auf. Im Herbst fliegen die Zuwanderer wieder südwärts. Die Raupen überwintern nur in warmen Gebieten mit Weinbauklima.

BRENNNESSELZÜNSLER

 von Mai bis September unterwegs

 weiße Flügel mit dunklen Flecken, Kopf und Brust ockergelb, Körperlänge etwa 15 mm, Flügelspannweite 24 – 28 mm

 Nektar; Raupen: Brennnesseln, Minzen, Johannisbeere

Im Herbst verstecken sich die Raupen im Laub, wo sie geschützt in einem Kokon überwintern.

Schau mal!

Nachtfalter fliegen in immer enger werdenden Kreisen zur Lichtquelle, bis sie schließlich verglühen. Vermutlich haben sie das Licht mit dem Mondlicht verwechselt, das sie zum Orientieren nutzen. Sorge dafür, dass verirrte Nachtfalter sicher nach draußen kommen.

HAUSMUTTER

🗓 von Juni bis Oktober unterwegs

🦉 Vorderflügel rotbraun bis grau gemustert mit hellem, rundlichem Fleck, Hinterflügel leuchtend gelborange mit dunklem Band, Körperlänge etwa 20 – 25 mm, Flügelspannweite 45 – 65 mm

🦋 Nektar; Raupen: Weiden, Brombeere, Brennnessel und viele andere Pflanzen

🏆 Dieser häufige Nachtfalter ruht längere Zeit im Sommer, erst danach werden die Eier abgelegt.

GAMMAEULE

Gamma-Zeichen: γ

🗓 von März bis November unterwegs

🦉 grau-braun gemusterte Flügel, weißes Gamma-Zeichen auf dem Vorderflügel, Körperlänge etwa 20 mm, Flügelspannweite 35 – 40 mm

🦋 Nektar; Raupen: Klee, Luzerne, Brennnesseln und andere krautige Pflanzen

🏆 Tagsüber sitzen diese Nachtfalter mit leicht geöffneten, flatternden Flügeln auf verschiedenen Blüten, um sofort losfliegen zu können.

SCHON GESEHEN?

🔍 Wenn die Hausmutter ruht, legt sie ihre Flügel auf den Rücken. Sobald sie sich bedroht fühlt, schiebt sie ihre Vorderflügel ruckartig zur Seite und die leuchtenden Hinterflügel blitzen auf. Das soll Feinde abschrecken.

BEI DIR ZU HAUSE

Unsere Vorräte sind begehrte Nahrung für einige Insekten wie Dörrobstmotten, die bei uns eigentlich nur in Gebäuden vorkommen. Silberfischchen besiedeln eher feuchte Räume.

Tagsüber verstecken sich die Silberfischchen in Ritzen und Fugen im Badezimmer, nachts sind sie unterwegs. Ihr Auftreten ist eher ein gutes Zeichen, denn dann gibt es keinerlei Umweltgifte. Zudem verzehren Silberfischchen Schimmelpilze und Hausstaubmilben. Mehlkäfer hingegen lieben Kekse. Sie fliegen nachts – angelockt durch das Licht im Haus – gern in Räume.

Die madenähnlichen, weißlichen Raupen der Dörrobstmotte befallen verschiedene kohlenhydratreiche Lebensmittel wie Müsli, Schokolade, Datteln oder auch Tee. Dabei durchziehen sie die Lebensmittel mit einem zähen Gespinst. Wenn die Raupen ihre Entwicklung beendet haben, verlassen sie die Lebensmittel und wandern weit umher auf der Suche nach einem geschützten Ort zum Verpuppen – das kann zwischen aufgerollten Beuteln sein, im Sieb der Kaffeemaschine oder hinter Regalen. Etwa zwei Monate später treten dann die Motten auf.

MEHLKÄFER

6

 Du kannst ihn das ganze Jahr über entdecken.

 langgestreckter, dunkelbrauner oder schwarzer Körper, Flügeldecken mit Längsfurchen, Körperlänge 12 – 20 mm

Getreide, Mehl, Backwaren

 Die Larven heißen Mehlwürmer. Sie sind wichtiges Futter für Vögel und Reptilien.

Schau mal!

Wenn du einen Mehlkäfer in der Wohnung entdeckst, bedeutet das nicht unbedingt, dass er sich als Larve in den Lebensmitteln entwickelt hat. Schau trotzdem in Müsli, Mehl und Kekspackungen nach, ob sich darin Mehlwürmer befinden.

SILBERFISCHCHEN

 Du kannst es das ganze Jahr über entdecken.

stromlinienförmiger, silbergrauer Körper ohne Flügel, lange Fühler, drei Schwanzfäden, Körperlänge 7 – 11 mm

 Tapetenkleister, Hautschuppen, Schimmelpilze und andere Substanzen

 Silberfischchen können mehrere Monate ohne Nahrung überleben. Es gab sie schon lange Zeit vor den Dinosauriern.

DÖRROBSTMOTTE

 Du kannst sie das ganze Jahr über entdecken.

 vorne graue, hinten kupferrote Flügel, in Ruhe auf den Rücken gelegt, Körperlänge 13 – 20 mm

 keine; Raupen: Getreide, Mehl, Schokolade, Nüsse, Rosinen

 Diese Motten nehmen keine Nahrung auf. Sie paaren sich, legen Eier in Lebensmittel und sterben.

Die völlig harmlosen Silberfischchen sind sehr lichtscheu. Sobald im Zimmer das Licht angeht, verschwinden sie sofort in einer Ritze oder unter dem Teppich. Dabei kannst du sie ertappen, wenn du nachts zur Toilette gehst. Silberfischchen wurden schon in fossilen Bernsteinen gefunden. Daher weiß man, dass es sie bereits vor mehr mehr als 200 Millionen Jahren gab.

SCHON GESEHEN?

Made der Stubenfliege

FLIEGEN IN DER WOHNUNG

Wo Speisen offen herumstehen, finden sich rasch Fliegen ein – Essigfliegen lieben Obst, Stuben- und Fleischfliegen bevorzugen Käse, Wurst und Marmelade.

Vor allem vom Sommer bis in den Herbst hinein tauchen jede Menge Essigfliegen an reifen Früchten, in Kompostgut und offen stehenden Fruchtsäften auf. Die kleinen Fliegen stammen ursprünglich aus heißen Gebieten, haben aber mittlerweile die ganze Welt erobert. In den Wohnungen finden sie alles vor, was sie benötigen – Nahrung und Unterschlupf. Die winzigen Larven der Essigfliegen leben vor allem im Kompost.

Die über 1 cm langen, weißen Maden der Stuben- und Fleischfliegen entwickeln sich in Mist, Aas und faulendem Fleisch. Fliegen gibt es in fast jeder Küche, denn Speisen locken sie magisch an. Da sie draußen zur Eiablage gern Kot oder Mist aufsuchen, solltest du sie davon abhalten, übers Essen zu laufen – mit ihren Füßen können sie Krankheitskeime übertragen.

KLEINE ESSIGFLIEGE

6

 Du kannst sie das ganze Jahr über entdecken.

 winziger gelber Körper, schwarz am Hinterleibsende, rote Augen, Körperlänge 2 – 2,5 mm

 überreife Früchte, Obstsäfte, Wein

 Diese kleine Fliege braucht nur neun Tage für die Entwicklung vom Ei zum fertigen Insekt. Sie ist eines der am besten untersuchten Lebewesen der Erde.

Schau mal!

Das Auge einer Fliege besteht aus ganz vielen winzigen Einzelaugen. Fliegen sehen viel mehr Bilder pro Sekunde als wir. Darum können sie Bewegungen schneller wahrnehmen und lassen sich so schwer fangen.

STUBENFLIEGE

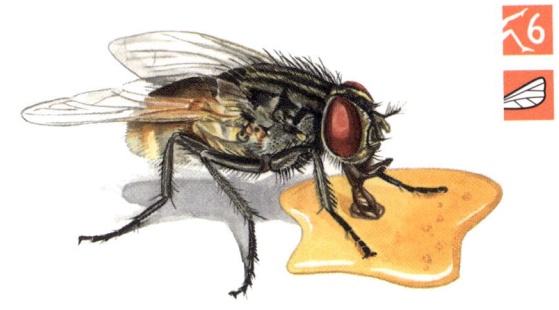

 Du kannst sie das ganze Jahr über entdecken.

dunkelgrauer Körper, orangebrauner Hinterleib, große Augen, kleine Fühler, Körperlänge 6 - 8 mm

Zucker, Marmelade, Fruchtsäfte, anderes Süßes

Fliegen schmecken mit den Füßen, wenn sie über Speisen oder Kot laufen.

GRAUE FLEISCHFLIEGE

von April bis Oktober unterwegs

schwarzer Körper mit grauen Flecken, rote Augen, viele Borsten, Körperlänge 13 - 18 mm

faulendes Fleisch, Dung; Larven: Regenwürmer

Die Larven entwickeln sich schon in den Eiern im Mutterleib. Wenn das Weibchen dann die Eier auf Fleisch oder Aas ablegt, schlüpfen sofort die Larven.

Fliegen und Mücken gehören zu den Zweiflüglern: Sie besitzen nur zwei Flügel und nicht vier wie alle anderen Fluginsekten. Die Hinterflügel sind zu einem Stielchen mit Kolben (Schwingkölbchen genannt) zurückgebildet.

SCHON GESEHEN?

IM DUNKLEN KELLER

38

Im Keller treiben sich etliche Krabbeltiere herum, die am liebsten in der Dunkelheit leben. Verschiedene Spinnen gehören ebenso dazu wie Asseln – allesamt völlig harmlos!

Die Haus- oder Winkelspinne ist die größte Spinnenart bei uns. Während die Weibchen in den Ecken der Kellerräume röhrenförmige Trichternetze bauen, laufen die kleineren Männchen auf der Suche nach einem Weibchen oft frei umher. Dabei verirren sie sich auch in Wohnräume. Gelangen sie in Badewanne oder Duschkabine, können sie nicht mehr entkommen, weil sie mit ihren Füßen keine glatten Flächen hochlaufen können. Setze diese Spinne im Keller aus.

Auch die Kellerspinne ist ziemlich groß. In dunklen Kellerecken baut sie ihre Gespinströhre. Davor befindet sich ein Teppich aus Kräuselfäden – läuft eine Assel oder ein anderes Beutetier darüber, stürzt die Kellerspinne hervor und überwältigt die Beute. Asseln sind keine Spinnen, sondern Krebstiere! Sie atmen mit Kiemen, die in den Laufbeinen sitzen.

HAUS- ODER WINKELSPINNE

 Du kannst sie das ganze Jahr über entdecken.

 schwarzer Körper, hellbraune Zeichnung auf dem Hinterleib, sehr lange, schwarze Beine, Körperlänge 10 – 18 mm ohne Beine

 Asseln, Insekten und andere Krabbeltiere

Tagsüber versteckt sich diese nachtaktive Spinne tief in der Wohnröhre ihres Netzes.

Schau mal!

Tu einer Spinne nichts zuleide, sondern bringe sie mithilfe eines Bechers und festem Papier ins Freie. Zuvor schaust du dir die Spinne noch mit der Lupe an: Sie hat acht Augen und ein Paar Giftklauen vorne am Kopf.

KELLERASSEL

 Du kannst sie das ganze Jahr über entdecken.

 flacher, gegliederter grauer oder brauner Panzer, lange, mehrteilige Fühler, Körperlänge bis zu 20 mm

 abgestorbene Pflanzenteile

 Asseln sondern eine klebrige Flüssigkeit ab, wenn sie sich bedroht fühlen, etwa von Spinnen.

KELLERSPINNE

 Du kannst sie das ganze Jahr über entdecken.

 schwarzer Körper mit brauner Zeichnung auf dem Hinterleib, kurze, kräftige Beine, Körperlänge bis zu 16 mm ohne Beine

 Asseln, Fliegen, Ameisen, Käfer

 Die Keller- oder Finsterspinne mag feuchte Orte besonders gern.

SCHON GESEHEN?

Asseln tragen einen festen Körperpanzer, der aus mehreren einzelnen Segmenten besteht. Er schützt den weichen Bauch und sorgt dafür, dass die Luft um die Kiemen tragenden Beine stets feucht ist. Weibchen haben am Bauch eine Bruttasche, in der sich die Eier entwickeln.

ZEBRASPRINGSPINNE

 Du kannst sie das ganze Jahr über entdecken.

 kompakter Körper mit Zebramuster, kurze Beine, Körperlänge 5 – 7 mm

 Fliegen, kleine Spinnen und andere Krabbeltiere

🏆 Bei der Jagd nähert sich diese Spinne vorsichtig der Beute und überwältigt sie mit einem weiten, schnellen Sprung.

FEUERWANZE

 Du kannst sie das ganze Jahr über entdecken.

 schwarz-rot gemustert, kurze Flügel mit je einem großen schwarzen Punkt, Körperlänge 10 – 12 mm

 verschiedene Samen

 Feuerwanzen halten sich gern rund um Lindenbäume oder an warmen Hauswänden auf.

KÜCHENSCHABE

 Du kannst sie das ganze Jahr über entdecken.

 schwarzbrauner Körper, kräftige Beine, sehr lange Fühler, Körperlänge 20 – 25 mm

 Küchenabfälle

 Nachts verlassen sie ihre Verstecke und suchen in Küchen und Bäckereien nach Nahrung.

So sehen die Wanzen
bei der Paarung aus.

TAUBENSCHWÄNZCHEN

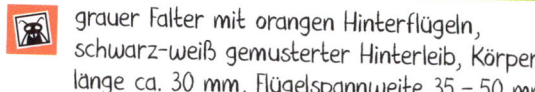

📅 Du kannst es das ganze Jahr über entdecken.

🔍 grauer Falter mit orangen Hinterflügeln, schwarz-weiß gemusterter Hinterleib, Körperlänge ca. 30 mm, Flügelspannweite 35 – 50 mm

🍴 Nektar

🏆 Wie ein Kolibri steht dieser Schmetterling in der Luft und saugt mit seinem langen Rüssel Nektar aus tiefen Blütenkelchen.

FEUER-GOLDWESPE

📅 von Mai bis September unterwegs

🔍 metallisch glänzender, schmaler Körper, Kopf und Brust blau-grün, roter Hinterleib, Körperlänge 6 – 13 mm

🍴 Bienen, andere Wespen; Larve: Pollen

🏆 Diese Wespe legt ihre Eier in die Brutzellen von Mauerbienen und Lehmwespen, die schlüpfenden Larven ernähren sich dann vom darin gesammelten Pollen.

GEHÖRNTE MAUERBIENE

📅 von März bis Juni unterwegs

🔍 schwarzer behaarter Körper mit rostrotem Hinterleib, Körperlänge 12 – 16 mm

🍴 Nektar, Pollen

🏆 Auf dem Bauch sitzt eine Bürste, mit der diese Wildbienen den Pollen aus den Blüten bürsten und sammeln. Nimmt Nisthilfe an.

SCHON GESEHEN?

*Das war die Wiesenschaumzikade (S. 58)

Die Gottesanbeterin lauert auf Insekten, die sie blitzschnell mit ihren Fangbeinen ergreift wie mit einem Klappmesser.

Hat jemand auf den Halm gespuckt?*

QUERFELDEIN

Auf natürlichen Wiesen mit Gräsern, Kräutern und Blumen fühlen sich viele Insekten wohl: Dort zirpen im Sommer die Heuschrecken, Schmetterlinge gaukeln von Blüte zu Blüte und überall summen die Bienen und Hummeln. Leider sind solche bunten, duftenden Wiesen heutzutage selten geworden – und mit ihnen die Insekten.

Streife einmal durch die Feld- und Wiesenlandschaften rund um dein Zuhause: Sicherlich entdeckst du kleine Flächen, Wegränder oder tiefergelegte, erdige Hohlwege mit Blumen und Grasähren, umgeben von dichten Büschen, in denen die typischen Wieseninsekten noch vorkommen. Folge den Tönen der Insekten und versuche, sie zwischen den Pflanzen zu entdecken.

Ist das eine Biene, Wespe oder Fliege?
Die Antwort findest du auf S. 51.

TANZ IM WIESENGRAS

Wie bunte Edelsteine flattern kleine und große Schmetterlinge an sonnigen Tagen von Blüte zu Blüte, um süßen Nektar zu saugen. Auf den Pflanzen entdeckst du auch ihre Raupen.

Zu den schönsten Schmetterlingen auf den Wiesen gehören die kleinen Bläulinge, unter denen der Hauhechelbläuling der häufigste ist. Die kleinen, hellgrünen Raupen fressen tagsüber am liebsten an Hornkleeblüten und -blättern. Nach mehreren Häutungen krie-chen sie auf den Boden und verpuppen sich zwischen Pflanzenresten zum Schmetterling. Auch der Rostfarbige Dickkopffalter kommt noch recht häufig auf blütenreichen Wiesen vor. Die auf verschiedenen Gräsern lebenden Raupen verspinnen die Grasblätter zu einer Röhre, in deren Inneren sie sich geschützt aufhalten. Hier überwintern sie auch.

Mit rot-schwarzer Färbung warnen die wenig scheuen Widderchen Vögel und andere Fressfeinde vor ihrem ekligen Geschmack. Diese Schmetterlinge sonnen sich gern auf Blüten.

HAUHECHELBLÄULING

 von Mai bis Oktober unterwegs

 Männchen oben leuchtend blau mit weißem Saum, Weibchen oben bläulich braun mit orangen Flecken am Rand, Körperlänge etwa 20 mm, Flügelspannweite 25 – 30 mm

 Nektar; Raupen: Hornklee und andere Schmetterlingsblütler

 Die blaue Farbe entsteht durch die besondere Oberflächenstruktur des Körpers, die das Licht mehrfach reflektiert.

Schau mal!

Ganz feine, bunte Schuppen bedecken die großen Flügel der Schmetterlinge. Schau sie dir mit der Lupe an – doch sei vorsichtig: Sie sind nur mit einem kleinen Stiel am Flügel befestigt und brechen daher leicht ab.

SECHSFLECKWIDDERCHEN

 von Mai bis September unterwegs

 schwarze Vorderflügel mit je 6 roten Flecken, rote Hinterflügel, lange Fühler mit keuligem Ende, Körperlänge etwa 20 mm, Flügelspannweite 30 – 38 mm

 Nektar; Raupen: Hornklee

Dieses Widderchen ist das häufigste unter den etwa 30 verschiedenen heimischen Arten. Man nennt es auch Blutströpfchen.

ROSTFARBIGER DICKKOPFFALTER

45

 von Juni bis August unterwegs

 dicker Körper, orangebraune Färbung, auffallend großer Kopf, Körperlänge etwa 20 mm, Flügelspannweite 25 – 32 mm

 Nektar; Raupen: Knäuelgras und andere Gräser

Das Männchen besitzt duftende Schuppen, mit denen es die Weibchen anlockt.

SCHON GESEHEN?

Raupe des Sechsfleckwidderchens

Raupen fressen nicht wahllos irgendwelche Blätter, sondern mögen meist nur die ganz bestimmter Pflanzen. Schmetterlinge wissen genau, welche Futterpflanze ihre Raupen mögen. Darum legen sie gezielt die Eier nur auf diese Pflanzen. Wenn du sie kennst, kannst du darauf die Raupen entdecken.

WIESEN-MUSIKANTEN

Heupferde sind Langfühlerschrecken.

Von den Wiesen und kräuterreichen Wegrändern ertönt im Sommer ein vielstimmiges Zirpen – es stammt von verschiedenen Heuschrecken und Grillen.

Heuschrecken erzeugen ihre Töne so ähnlich wie ein Geigenspieler: Die meisten streichen mit ihrem Oberschenkel über eine harte Kante auf dem Vorderflügel. Mit den Tönen locken sich die Partner gegenseitig an. Da jede Heuschreckenart dabei andere Töne erzeugt, können Experten daran sogar die einzelnen Arten bestimmen, so wie Vögel am Gesang.

Mit ihren kräftigen Mundwerkzeugen fressen Heuschrecken vor allem Blätter. Eine unserer größten Arten ist das Grüne Heupferd. Es musiziert von mittags bis spät in die Nacht – meist vom Gebüsch aus, denn dort ist es etwas wärmer als am Boden. Die häufigste Heuschreckenart ist der Gemeine Grashüpfer. Seine Flügel sind zu kurz zum Fliegen. Kommst du ihm zu nah, hüpft er davon.

Am Wiesenboden lebt die Feldgrille. Sie baut sich eine kleine Höhle mit einem Vorplatz, auf dem sie laut zirpt. Bei der geringsten Störung verschwindet sie schweigend in der Höhle.

GEMEINER GRASHÜPFER

 von Juni bis November unterwegs

 grüner bis bräunlicher Körper, großer Kopf mit kurzen Fühlern, Weibchen ohne Legebohrer und mit ganz kurzen Flügeln, Körperlänge 13 – 22 mm

 Gräser, Kräuter

 Den schnarrenden Gesang der Grashüpfer kannst du bis zu 10 m weit hören.

Schau mal!

Heuschrecken besitzen kräftige Hinterbeine, mit denen sie weit springen können. Unter den Heuschrecken gibt es Arten mit kurzen und mit langen Fühlern – das ist ein wichtiges Merkmal, um die Art genau zu bestimmen.

Grashüpfer sind Kurzfühlerschrecken.

GRÜNES HEUPFERD

♂ 🔷6 🪶

📅 von Juli bis Oktober unterwegs

🔍 grüner, langer Körper mit langen Fühlern, sehr lange Flügel, Weibchen mit Legebohrer, Körperlänge bis zu 40 mm

🍴 Insekten, auch Pflanzliches

🏆 Das Grüne Heupferd fängt Insekten mit den bedornten Vorderbeinen.

FELDGRILLE

🔷6 🍴

📅 von Mai bis Juli unterwegs

🔍 schwarzer, kräftiger Körper, dicker, runder Kopf, kräftige Beine, Körperlänge 20 – 26 mm

🍴 vor allem Kräuter, Gräser

🏆 Die Grillenmännchen reiben beim Zirpen ihre schräg aufgestellten Flügel aneinander. Das Zirpen ist bis zu 50 m zu hören.

SCHON GESEHEN?

🔍

Manche Heuschrecken tragen am Ende des Hinterleibes einen langen Dorn – das ist kein Stachel und stechen können die Tiere damit auch nicht! Vielmehr erkennst du an dem »Dorn« ein Weibchen. Es ist der Legebohrer, mit dem es seine Eier ins Erdreich legt.

♀

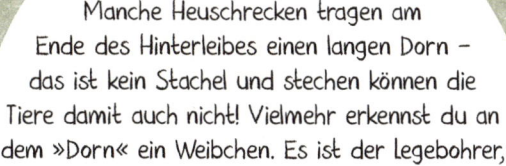

KÖNIGIN IM PELZMANTEL

48

Hummeln sind ganz besondere Wildbienen! Jedes Frühjahr gründet die Königin einen neuen Hummelstaat, der im Lauf des Sommers auf mehrere hundert Hummeln anwächst.

Die großen Hummeln, die im Frühjahr an den ersten warmen Tagen fliegen, sind die Königinnen. Sie haben den Winter in einem geschützten Versteck verbracht. Nun suchen sie einen Platz für ihr Nest. Erdhummeln nisten unterirdisch in verlassenen Mäusebauen. Wiesen- und Steinhummeln wohnen lieber oberirdisch in Mauerlücken oder Steinhaufen.

Im Nest baut die Königin aus Wachs kleine Näpfchen, die sie mit Pollen füllt und mit Eiern belegt. Daraus entwickeln sich die ersten Arbeiterinnen des Jahres, die nun alle Aufgaben übernehmen: Sie suchen Nahrung, bauen neue Näpfe und versorgen die Brut.

Im Sommer schlüpfen neue Königinnen und männliche Drohnen. Zusammen gehen sie auf Hochzeitsflug. Im Herbst suchen die begatteten Jungköniginnen einen sicheren Platz zum Überwintern, während der Hummelstaat bis zum Winterbeginn zugrunde geht.

DUNKLE ERDHUMMEL

 von März bis November unterwegs

 behaarter gelb-schwarz gestreifter Körper, weißes Hinterleibsende, Körperlänge 11 – 17 mm, Königin bis zu 23 mm

Nektar, Pollen

 Im Frühling sucht die Jungkönigin nach einem verlassenen Mäusebau, in dem sie einen neuen Hummelstaat gründet.

Schau mal!

Wie die Honigbiene besitzen auch die Hummelweibchen an den Hinterbeinen lange, gebogene Borsten. Darin sammeln sie den Pollen, feuchten ihn mit etwas Nektar an und transportieren ihn als dickes »Höschen« zum Nest.

STEINHUMMEL

 von März bis Oktober unterwegs

 schwarzer Körper mit leuchtend rotem Hinterleibsende, Körperlänge 20 – 22 mm Königin, 11 – 17 mm Arbeiterin

 Nektar, Pollen

Die Steinhummel taucht auch in Gärten und Parks auf, sie ist ziemlich friedlich.

WIESENHUMMEL

 von März bis Juli unterwegs

 schwarzer Körper mit gelben Streifen auf Brust und Hinterleib, orangerotes Hinterleibsende, Körperlänge bis zu 17 mm Königin, 9 – 14 mm Arbeiterin

 Nektar, Pollen

Diese Hummel gehört zu den ersten Insekten, die im zeitigen Frühjahr unterwegs sind.

SCHON GESEHEN?

Der Körper der heimischen Hummeln ist von einem dichten Pelz bedeckt. Dadurch können sie schon bei kühlen Temperaturen von 7 °C fliegen, während die aus dem Süden stammende Honigbiene erst bei 12 °C startet.

Stein- und Ackerhummel

ACHTUNG, WARNFARBEN!

Im Tierreich bedeutet eine gelb-schwarze Körperfärbung Gefahr – das Tier kann stechen oder ist giftig. Auf Wespen trifft das zu, Schwebfliegen tun hingegen nur so.

Zu den bekanntesten Wespenarten gehört die Gemeine Wespe. Wie die Hummeln bildet sie im Lauf des Sommers einen großen Wespenstaat, den die junge Königin gut versteckt im Erdboden oder anderen Hohlräumen anlegt. Im Herbst leben über 10.000 Wespen im Staat. Sehr ähnlich, aber viel zierlicher und kleiner ist die Sächsische Wespe. Sie baut ihr Nest nicht versteckt, sondern frei hängend.

Die Lehmwespe lebt allein. Sie erbeutet Käferlarven und trägt sie in hohle Pflanzenstängel. Dann legt sie ein Ei dazu. Die schlüpfende Larve ernährt sich von der Beute.

Trotz der Färbung erkennst du sofort, dass die Hain-Schwebfliege keine Wespe ist – ihr Körper ohne Wespentaille mit dem großen Kopf und großen Augen sieht genauso aus wie der einer Fliege. Sie profitiert von der Warnfarbe, denn Vögel oder andere Feinde lassen sie in Ruhe.

GEMEINE WESPE

6

📅	von April bis Oktober unterwegs
	schwarz-gelber Körper, lange schwarze Fühler, Körperlänge 12 – 20 mm
	Nektar, Honigtau, Süßes; Larven: Insekten
🏆	Um Wespen von Speisen fernzuhalten, stell Colalutscher auf – Wespen fliegen darauf.

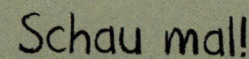

Schau mal!

Wespennester bestehen aus selbst gemachtem Papier. Dazu raspeln die Wespen mit ihren Mundwerkzeugen feine Holzspäne von trockenem Holz ab und zerkauen sie zu Papier. Die Knabbergeräusche kannst du nicht überhören!

SÄCHSISCHE WESPE

 von Mai bis September unterwegs

 schwarz-gelb gestreifter, schmaler Körper, Körperlänge 11 – 18 mm

 Insekten und deren Larven, Spinnen

🏆 Anders als die Gemeine Wespe baut diese Wespe ein frei hängendes Papiernest. Sie ist weder lästig noch aggressiv, deshalb gibt es keinen Grund, das Nest zu entfernen.

LEHMWESPE

 von Mai bis September unterwegs

 schwarzer Körper mit schmalen gelben Streifen, Körperlänge 7 – 11 mm

 Käferlarven

🏆 Die Weibchen legen in hohlen Pflanzenstängeln hintereinander mehrere Brutzellen an, die sie sorgfältig mit Lehm verschließen.

HAIN-SCHWEBFLIEGE

 von Februar bis November unterwegs

 gelber Hinterleib mit schwarzen Streifen, große Augen, kurze Fühler, Körperlänge 8 – 12 mm

 Pollen, Nektar; Larven: Blattläuse

🏆 Diese Schwebfliege kann in der Luft stehen bleiben wie ein Hubschrauber.

SCHON GESEHEN?

BUNTE KÄFERPARADE

52

Käfer bilden die artenreichste und vielfältigste Insektengruppe. Sie können dank ihrer schützenden, harten Flügeldecken überall leben: auch unter der Erde und im Holz.

Am Wiesengrund geht der Goldlaufkäfer tagsüber in flinkem Tempo auf die Jagd. Seine Hauptbeute sind Schnecken, Regenwürmer und verschiedene Insekten. Dabei überwältigt er auch Beutetiere, die viel größer sind als er selbst. Die Beute walkt er mit seinen Mundwerkzeugen und spuckt dabei Verdauungssäfte darauf. Das verflüssigt die Beute und der Laufkäfer kann sie aufnehmen.

Auf Blüten kannst du verschiedene Käfer entdecken: Auf den weißen Schirmblüten der Doldenblütler triffst du häufig Rotgelbe Weichkäfer an. Sie ernähren sich nicht von Pollen oder Nektar, sondern erbeuten kleine Insekten auf den Blüten. Auch die etwas größeren, sehr ähnlichen Soldatenkäfer mit gänzlich schwarzen Flügeldecken sowie die schwarzen Schnellkäfer gehören zu den Blütenbesuchern.

ROTGELBER WEICHKÄFER

6

 von Mai bis August unterwegs

 rostroter bis gelbbrauner, lang gestreckter Körper, Enden der Flügeldecken schwarz, Körperlänge 7 – 10 mm

 kleine Insekten

Die Larven leben am Boden, dort erbeuten sie Schnecken und verschiedene Insekten.

Schau mal!

Sitzen zwei Käfer auf einer Blüte übereinander, so paaren sie sich gerade. Das untere Tier ist das Weibchen, das obere das Männchen. Nach der Paarung legt das Weibchen seine Eier ab.

GOLDLAUFKÄFER

📅 von April bis August unterwegs

🐾 oben metallisch grünlich-golden glänzend, lange Fühler, orange Beine, Körperlänge 17 – 30 mm

🍴 Schnecken, Würmer, Insekten und deren Larven, Spinnen, Asseln und andere Kleintiere

🏆 Auch die Larven leben räuberisch von Kleintieren. Die Käfer überwintern im Erdboden.

GEMEINER SCHNELLKÄFER

📅 von April bis September unterwegs

🐾 sehr schlanker, lang gestreckter Körper mit feiner Behaarung, Körperlänge 10 – 15 mm

🍴 Pflanzensäfte; Larven: Wurzeln

🏆 Die dünnen, wurmähnlichen Larven mit harter Haut (»Drahtwürmer« genannt) leben im Erdreich.

SCHON GESEHEN?

Der Schnellkäfer lässt sich sofort auf den Boden fallen, wenn er sich bedroht fühlt. Landet er auf dem Rücken, so schnellt er dank eines besonderen Gelenks viele Zentimeter hoch in die Luft und landen wieder auf den Beinen. Dabei kannst du einen Klicklaut hören.

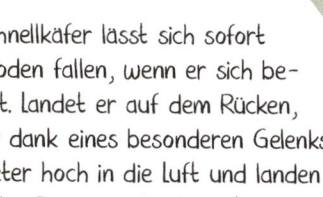

IN LAUEN SOMMERNÄCHTEN

54

Warme, trockene Sommernächte sind die Zeit der Glühwürmchen – und der Stechmücken. Auch einer unserer größten Nachtfalter ist unterwegs, der Windenschwärmer.

Das Männchen der Glühwürmchen ist das einzige Tier bei uns, das im Flug leuchten kann. Auch das Weibchen besitzt Leuchtorgane, hält sich aber stets am Boden auf. Mit ihrem Leuchten finden sich die Paare. Auch der Windenschwärmer hält Rekorde: Seine aufgespannten Flügel messen bis zu 12 cm, genauso lang werden seine Raupen.

Im Flug erreicht er mindestens 50 km/h – es wurden sogar schon Geschwindigkeiten von bis zu 100 km/h gemessen. Seinen 13 cm langen Rüssel steckt er im schwirrenden Flug tief in Blütenkelche zum Nektarsaugen hinein.

Weniger angenehm sind Stechmücken. Die Weibchen werden durch die Ausdünstungen von Menschen, Säugetieren und Vögeln angelockt, denn sie brauchen eine Blutmahlzeit zur Entwicklung der Eier. Ihre Larven wachsen im Wasser heran, sogar in Gießkannen.

KLEINES GLÜHWÜRMCHEN

 von Juni bis Juli unterwegs

 Männchen wie ein dunkler Käfer, flügelloses Weibchen ähnelt einer Larve, mit Leuchtorganen, Körperlänge 8 – 10 mm

keine; larven: kleine Schnecken

 Auch die Eier und Larven leuchten. Nur die räuberischen Larven nehmen Nahrung zu sich.

Schau mal!

Nimm ganz vorsichtig ein Glühwürmchen auf die Hand. Beim Männchen sitzen die Leuchtorgane am Ende des Hinterleibes, beim Weibchen seitlich und hinten. Das Licht ist kalt und nicht warm wie das Licht von Lampen.

GEMEINE STECHMÜCKE

 Du kannst sie das ganze Jahr über entdecken.

 schlanker, hellbrauner Körper, Weibchen mit langem Stechrüssel, Männchen mit buschigen Fühlern, Körperlänge 4 – 6 mm

 Männchen: Nektar, Pflanzensäfte; Weibchen: Blut; Larven: kleine Schwebteilchen im Wasser

 Wenn sich die Larven gestört fühlen, tauchen sie mit zappelnden Bewegungen ab.

WINDENSCHWÄRMER

 von Mai bis Oktober unterwegs

 graubrauner Körper und Flügel, im Flug rosaschwarzes Streifenmuster sichtbar, Körperlänge etwa 40 – 50 mm, Flügelspannweite 80 – 120 mm

 Nektar; Raupen: verschiedene Winden

 Der Windenschwärmer wandert jedes Jahr vom Süden über die Alpen zu uns.

SCHON GESEHEN?

Stechmückenweibchen legen ihre 200 – 400 Eier ins Wasser, wo sie zusammengeklebt wie ein Floß auf der Wasseroberfläche treiben. Die schlüpfenden Larven hängen mit dem Vorderleib unter der Wasseroberfläche – so können sie mit dem Hinterleib Luft atmen und mit den Mundwerkzeugen Kleinstteilchen aus dem Wasser filtern.

Am Hinterleib sitzen die Spinnwarzen.

JÄGER MIT FEINEM NETZ

Spinnen sind erfolgreiche Räuber mit verschiedenen Jagdstrategien. Während Kreuz- und Baldachinspinne unsichtbare Netze spannen, liegen Krabbenspinnen auf der Lauer.

Die Kreuzspinne gehört zu den bekanntesten Spinnen. Sie baut ein ordentliches Radnetz aus einem etwa 20 m langen Spinnfaden, der aus ihren Spinnwarzen austritt. Dieser Spinnfaden ist sehr reißfest und gleichzeitig elastisch, da er aus kettenförmigen Eiweißen besteht. Tags versteckt sich die Kreuzspinne, dabei ist sie immer noch mit einem Faden mit dem Netz verbunden. Erst nachts begibt sie sich ins Zentrum ihres Netzes, denn nun droht keine Gefahr mehr durch Vögel.

Auch die Baldachinspinne baut ein Fangnetz – dieses spannt sie aber wie eine Hängematte über Gräser, Kräuter und Büsche. Sie lauert unter dem Netz und packt von unten Beutetiere, die ins Netz fallen. Die Krabbenspinne jagt anders: Sie sitzt auf Blüten und ergreift mit ihren Vorderbeinen jede Biene und jeden Schmetterling, der auf der Blüte landen will.

GARTENKREUZSPINNE

♀ ♂

8

	von April bis Oktober unterwegs
	gelblich bis schwarzbraun gefärbt, weiße Kreuzzeichnung auf Hinterleib, Körperlänge ohne Beine: 5 – 10 mm Männchen, 12 – 18 mm Weibchen
	fliegende Insekten
	Jeden Tag baut die Kreuzspinne ein neues Netz, nachdem sie das alte aufgefressen hat.

Schau mal!

Unter der Lupe erkennst du vorne am Spinnenvorderkörper acht Augen. Bei der Krabbenspinne bilden diese Augen einen Kreis, bei der Kreuzspinne liegen sie in zwei Reihen übereinander.

BALDACHINSPINNE

📅 von Juli bis Oktober unterwegs

🕷 hellbrauner Vorderkörper, brauner Hinterleib mit Zackenmuster, Körperlänge 5 – 7 mm ohne Beine

🍴 kleine Insekten

🏆 Oberhalb des flachen Netzes spannt die Baldachinspinne viele wirre Fäden auf, an denen fliegende Insekten ins Taumeln geraten und ins Netz fallen.

VERÄNDERLICHE KRABBENSPINNE

📅 von Mai bis Juli unterwegs

🕷 gelbe oder weiße, krabbenähnliche Spinne, Körperlänge ohne Beine: 3 – 5 mm Männchen, 7 – 10 mm Weibchen

🍴 Fliegen, Bienen, Schmetterlinge und andere Blütenbesucher

🏆 Sie kann innerhalb von ein paar Tagen die Farbe wechseln und wählt als Jagdort die Blütenfarbe, die zu ihrem Körper passt.

SCHON GESEHEN?

Wenn morgens Tautropfen auf den feinen Spinnfäden hängen, kannst du mit einem Blick erkennen, wie viele Spinnennetze es gibt. Du kannst auch eine Sprühflasche verwenden und die Pflanzen mit einem feinen Sprühnebel benetzen – so werden die Spinnen-netze sichtbar.

GOTTESANBETERIN

🗓 von August bis November unterwegs

🐞 grüner lang gestreckter, schlanker Körper mit dreieckigem Kopf, Fangarme, Körperlänge 40 – 75 mm

🍴 Insekten

🏆 Reglos lauert sie Insekten auf. Mit ihren aufklappbaren Fangarmen packt sie blitzschnell zu.

WIESENSCHAUMZIKADE

🗓 von Juli bis Oktober unterwegs

🐞 kompakter ovaler Körper mit braunen, rötlichen und grauen Mustern, Körperlänge 5 – 7 mm

🍴 Pflanzensäfte

🏆 Die Larven wachsen in einem Schaumnest heran, das wie Spucke an Blumenstängeln hängt.

LEDERWANZE

🗓 von April bis November unterwegs

🐞 raue, ledrig braune Oberfläche, breiter Saum am Hinterleib, Körperlänge 10,5 – 16 mm

🍴 Säfte von Sauerampfer, Weidenröschen, Knöterich, Brom- und Himbeeren

🏆 Fühlt sie sich bedroht, verspritzt sie ihr Gift, das deine Haut braun färbt, für dich aber harmlos ist. Zum Winter hin wird sie dunkler.

KARTOFFELKÄFER

🗓 von April bis Oktober unterwegs

halbkugeliger, schwarz-gelb gestreifter Körper, Larven orangebraun, Körperlänge 7 – 11 mm

Kartoffelblätter

🏆 Die aus Amerika eingeschleppten Käfer und ihre Larven kommen nur auf Kartoffelpflanzen vor.

WESPENSPINNE

🗓 von Juli bis Oktober unterwegs

gelb-schwarz gestreifter Körper, Körperlänge 4 – 6 mm Männchen, 14 – 20 mm Weibchen ohne Beine

🍴 Heuschrecken, Bienen, Wespen und andere große Insekten

🏆 Das Netz der Wespenspinne erkennst du sofort an den gezackt verlaufenden Spinnfäden ober- und unterhalb des Zentrums.

59

ADMIRAL

🗓 von März bis November unterwegs

dunkler Falter mit breitem rotem Band und schwarz-weißen Flügelspitzen, Körperlänge etwa 25 mm, Flügelspannweite 50 – 60 mm

🍴 Nektar, Pollen; Raupen: Brennnessel

🏆 Die meisten Admirale fliegen im Mai über die Alpen zu uns, immer häufiger überleben einzelne auch den Winter hier.

SCHON GESEHEN?

Startklar: Hoch mit den harten Deckflügeln, die häutigen Flügel auseinandergefaltet und los!

*Der Haselnussbohrer war's! (S. 70)

Wer hat Löcher in die Nüsse gebohrt?*

IM DICHTEN GRÜN

Die Bäume und Büsche im Wald bilden einen dichten, vielschichtigen Lebensraum für viele Insekten und andere Krabbeltiere. Du findest sie auf Blättern, Kräutern und Blumen, am Waldboden zwischen Falllaub, an Baumstämmen und im toten Holz herabgefallener Äste.

Um die verschiedenen Kleintiere im Falllaub zu entdecken, nimmst du am besten ein weißes Tuch mit in den Wald: Breite es auf dem Boden aus und gib zwei Handvoll Laub darauf. Eilig krabbeln jetzt Asseln, Waldschaben, Käfer und Spinnen über das Tuch, um rasch ein neues Versteck zu finden. Vorsichtig kannst du nun einzelne Tiere mit der Becherlupe fangen und dir genau anschauen. Entlasse sie sofort wieder in die Freiheit, nachdem du sie genau beobachtet hast.

Aus dieser puscheligen Raupe wird bald ein Brauner Bär.

DAS VOLK UND DIE KÖNIGIN

Nur im Sommer sind geflügelte Ameisen unterwegs.

Ameisen und Wespen gehören zu den Insekten, die große Staaten bilden. In diesen Staaten gibt es eine Eier legende Königin und sehr viele Arbeiterinnen.

Das Volk besteht fast nur aus weiblichen Tieren. Männchen treten nur kurz im Sommer auf und sterben nach dem Hochzeitsflug. Die auffälligsten Staaten bilden die Roten Waldameisen. Ihr Nest aus trockenen Nadelblättern und Zweigstücken reicht über einen Meter in die Höhe und genauso weit in den Boden hinein. Wenn es warm ist, wohnt der Ameisenstaat im oberen Nestteil. Im Winter und bei großer Hitze wandert das Volk in die Tiefe des Bodens. Tagsüber ziehen die Arbeiterinnen in weitem Umkreis um das Nest umher auf der Suche nach Beute.

Das Nest der Glänzendschwarzen Holzameise liegt in hohlen Baumstämmen oder -stümpfen. Die Arbeiterinnen vergrößern nagend den Hohlraum und füllen ihn mit einer schwärzlichen Masse aus Holzspänen, Erde und Pflanzensäften. In dieses »Kartonnest« bauen sie viele kleine Kammern.

ROTE WALDAMEISE

 von März bis Oktober unterwegs

 schwarzer Kopf und Hinterleib, rotbraune Brust, Männchen haben Flügel, Königinnen bilden Flügel für den Hochzeitsflug, Körperlänge 4 – 9 mm Arbeiterin, 9 – 11 mm Königin

Insekten und deren Larven

 Ein Staat der Roten Waldameise kann aus bis zu einer Million Tieren bestehen.

Schau mal!

Wirf ein paar blaue Blüten auf einen Ameisenhaufen. Die Ameisen fühlen sich bedroht und bespritzen die Blüten mit Ameisensäure aus ihrem Hinterleib. Durch die Säure verfärben sich die Blüten violett bis rot.

GLÄNZENDSCHWARZE HOLZAMEISE

 von März bis Oktober unterwegs

 glänzend schwarzer Körper, Männchen haben Flügel, Königinnen bilden Flügel für den Hochzeitsflug, Körperlänge 5 – 6,5 mm, die Königin ist kaum größer

 Honigtau von Blattläusen

Eine breite Ameisenstraße führt zum Nest und zu den Blattlauskolonien.

HORNISSE

 von April bis Oktober unterwegs

 die größte Wespe mit braun-gelb-schwarzem Körper, Körperlänge 18 – 25 mm Arbeiterin, bis zu 35 mm Königin

 Insekten und deren Larven

 Bis zum Herbst wächst das Hornissenvolk auf ca. 700 Tiere an, danach sterben alle. Hornissen sind sehr friedlich, ein Stich ist nicht gefährlicher oder schmerzhafter als der einer Wespe.

63

SCHON GESEHEN?

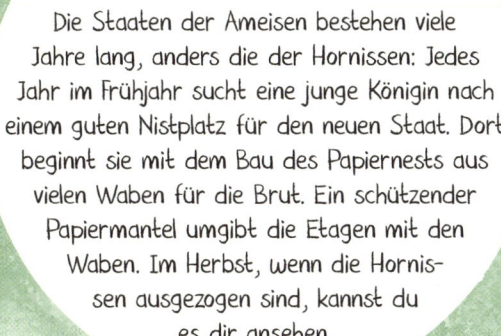

Die Staaten der Ameisen bestehen viele Jahre lang, anders die der Hornissen: Jedes Jahr im Frühjahr sucht eine junge Königin nach einem guten Nistplatz für den neuen Staat. Dort beginnt sie mit dem Bau des Papiernests aus vielen Waben für die Brut. Ein schützender Papiermantel umgibt die Etagen mit den Waben. Im Herbst, wenn die Hornissen ausgezogen sind, kannst du es dir ansehen.

FLATTERNDE BLÜTENBESUCHER

64

Die blütenreichen Wald- und Wegränder locken bunte Tagfalter an – im zeitigen Frühjahr schon den Aurorafalter, im Sommer dann Kaisermantel und Großes Ochsenauge.

Der süße Nektar der Blüten ist die Nahrung der meisten Schmetterlinge. Darum kannst du diese hübschen Insekten meist beim Besuch der Blüten entdecken. Kratzdisteln besitzen einen besonders feinen Nektar – auf ihren Blüten sitzen viele Kaisermantel. Dieser Schmetterling besucht aber auch gern die hoch stehenden Blüten von Wasserdost, Waldengelwurz und ähnlichen Blumen. Das Weibchen vom Großen Ochsenauge legt Eier dort am Boden ab, wo Gräser wachsen. Die kleinen hellgrünen Raupen schlüpfen noch im Herbst. Wenn im kommenden Frühjahr die Gräser frisch austreiben, beginnen sie zu fressen. Bis in den Mai hinein werden sie 25 mm lang und verpuppen sich dann zum Falter. Der Aurorafalter gehört zu den Frühlingsschmetterlingen – er fliegt an sonnigen Waldrändern, wenn Knoblauchsrauke und Wiesenschaumkraut blühen.

KAISERMANTEL

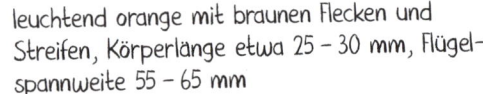

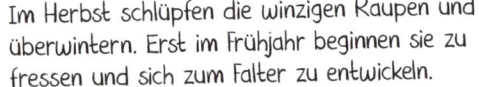

📅 von Juni bis September unterwegs

🦋 leuchtend orange mit braunen Flecken und Streifen, Körperlänge etwa 25 – 30 mm, Flügelspannweite 55 – 65 mm

🍽 Nektar; Raupen: verschiedene Veilchenarten

🏆 Im Herbst schlüpfen die winzigen Raupen und überwintern. Erst im Frühjahr beginnen sie zu fressen und sich zum Falter zu entwickeln.

Schau mal!

Mit einer Lupe kannst du den Saugrüssel des Schmetterlings betrachten. In Ruhe ist er wie ein Rollladengurt aufgerollt. Um Nektar zu saugen, entrollt der Schmetterling seinen Rüssel und führt ihn tief in die Blüte ein.

AURORAFALTER

 von März bis Juli unterwegs

 dunkelgrauer Körper, weiße Flügel mit vorne grauer Spitze und kleinem schwarzem Fleck, Männchen mit leuchtend orangen Vorderflügelspitzen, Körperlänge etwa 20 mm, Flügelspannweite 35 – 45 mm

 Nektar; Raupen: vor allem Wiesenschaumkraut und Knoblauchsrauke

 Die Männchen fliegen hin und her und versuchen dabei, Weibchen anzulocken.

GROSSES OCHSENAUGE

 von Juni bis September unterwegs

 in Brauntönen gefärbter Falter mit Augenfleck auf Vorderflügel, Körperlänge etwa 20 mm, Flügelspannweite 40 – 48 mm

 Nektar; Raupen: Gräser

 Beim Weibchen ist der orange Fleck auf den Vorderflügeln viel größer als beim Männchen.

SCHON GESEHEN?

Ist dir schon aufgefallen, dass die Ober- und Unterseite der Flügel oft verschieden gefärbt ist? Mit den bunten Farben der offenen Flügel lockt der Schmetterling einen Partner an. Manche verströmen dazu noch einen intensiven Duft. Wenn der Schmetterling seine Flügel zusammenklappt, ist er bestens getarnt und kann ungestört ruhen.

DUELL IM EICHENWALD

Nicht nur in Tropenwäldern, auch bei uns leben richtig große Käfer, die außerdem mit enormen Fühlern, Kieferzangen oder Hörnern beeindrucken. Jedenfalls die Männchen.

Nur dort, wo in den Wäldern alte Eichen stehen, kommt der Hirschkäfer vor. Seine über 10 cm langen Larven müssen nämlich fünf bis acht Jahre lang morsches Eichenholz fressen, bis sie sich zu einem Hirschkäfer verwandeln können. Wie der Hirsch setzt auch der männliche Hirschkäfer sein »Geweih« im Duell ein: Die Rivalen versuchen, sich gegenseitig vom Ast zu stoßen – der Sieger darf sich mit dem Weibchen paaren. Auch die männlichen Nashornkäfer duellieren sich. Ihre 12 cm langen Larven ernährten sich ursprünglich ebenfalls von morschem Holz – heute kommen sie vor allem in Sägereien und Komposthaufen vor.

Der Große Eichenbock lebt nur auf sehr alten und kranken Eichen, die an einem sonnigen Platz stehen. Tagsüber versteckt er sich meist unter der Rinde, in warmen Sommernächten fliegt er zu den benachbarten Bäumen, um Baumsäfte aufzunehmen.

NASHORNKÄFER

 von Mai bis August unterwegs

 glänzend brauner Käfer, Männchen mit langem, gebogenem Horn, Körperlänge 20 – 40 mm

 keine; Larven: morsches Holz, Sägespäne, Kompost

Er ist mit dem weltgrößten und schwersten Käfer verwandt, dem tropischen Herkuleskäfer.

Schau mal!

Nashornkäfer sind nachts aktiv – sie fliegen vor allem in warmen Sommernächten umher. Stoßen sie dabei gegen ein Hindernis, fallen sie oft zu Boden. Hilf ihnen dabei, wieder auf die Beine zu kommen.

HIRSCHKÄFER

📅 von Mai bis August unterwegs

🐞 schwarzer Käfer mit braunen, glänzenden Flügeldecken, Männchen mit geweihähnlichen Kieferzangen, Körperlänge 25 – 75 mm

🍽 Baumsäfte; Larve: morsches Eichenholz

🏆 Der Hirschkäfer ist der größte heimische Käfer. Sein »Geweih« ist ein stark vergrößerter, umgebildeter Oberkiefer.

GROSSER EICHENBOCK

📅 von Juni bis Juli unterwegs

🐞 schwarzbrauner, länglicher Käfer mit sehr langen Fühlern, die beim Männchen doppelt so lang wie der Körper sind, Körperlänge 24 – 53 mm

🍽 Baumsaft, Obst; Larven: morsches Eichenholz

🏆 Er ist bei uns bereits vom Aussterben bedroht, weil es kaum noch richtig alte Eichen gibt!

🔍 Hirschkäfer lecken mit ihren pinselförmigen Zungen den Baumsaft auf, der aus Wunden in der Rinde austritt. Wegen der großen Kieferzangen können die Männchen nicht die Rinde anritzen – um satt zu werden, müssen sie natürliche Wunden aufsuchen oder ein Weibchen begleiten: Es kann mit seinen kurzen Kieferzangen die Rinde anritzen, sodass der Saft läuft.

SCHON GESEHEN?

DIE MÜLL-ABFUHR DES WALDES

Auch im Wald fällt viel Müll an wie Kothaufen von Wildschweinen, Rehen und Hunden. Oder tote Mäuse. Zum Glück sind einige Käfer auf die Abfallentsorgung spezialisiert.

Der Wald-Mistkäfer ist am auffälligsten: Im Sommer entdeckst du ihn oft auf den Waldwegen. Er fliegt dicht über dem Boden die Wege entlang und sucht nach Kothaufen. Hat er deren Duft wahrgenommen, landet er und krabbelt zum Kothaufen. Dort treffen sich dann die Paare: Während das Weibchen im Boden einen Gang mit etlichen Seitenkammern gräbt, bringt das Männchen kleine Kotportionen. Das Weibchen stopft diese in die Kammern und belegt sie mit je einem Ei.

In toten Mäusekörpern entwickeln sich die Larven des Totengräbers. Hat ein Käfer Aas gefunden, lockt er das Weibchen mit Duftstoffen an. Dann versenken sie den toten Körper gemeinsam im Erdboden und das Weibchen legt seine Eier daneben ab.

Die Rothalssilphe ernährt sich nicht nur von Tierkot, sondern auch von stinkenden Pilzen wie der Stinkmorchel.

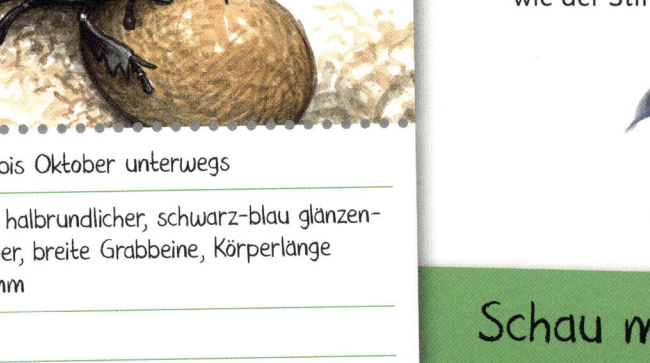

WALD-MISTKÄFER

📅 von Mai bis Oktober unterwegs

🐾 kräftiger halbrundlicher, schwarz-blau glänzender Körper, breite Grabbeine, Körperlänge 12 – 19 mm

🍴 Kot

⭐ Wenn du einen Mistkäfer vorsichtig zwischen deine Finger nimmst, brummt er. Auch im Flug kannst du ihn deutlich hören.

Schau mal!

Der Körper des Wald-Mistkäfers ist schwarz, schillert aber im Licht in verschiedenen Blautönen.

TOTENGRÄBER

📅 von April bis September unterwegs

🐞 schwarzer Käfer mit zwei orangen Bändern, Körperlänge 12 – 22 mm

🍴 Aas

🏆 Totengräber kommen nicht nur im Wald vor, sondern auch auf Wiesen – auch dort beseitigen sie kleine tote Tierkörper.

ROTHALSSILPHE

📅 von April bis August unterwegs

🐞 flacher schwarzer Körper mit großem rotbraunem Halsschild, Körperlänge 12 – 16 mm

🍴 Kot, faulende, stinkende Pilze

🏆 Die asselähnlichen Larven leben im Boden.

SCHON GESEHEN?

Totengräber sind tolle Eltern: Wenn die kleinen Larven geschlüpft sind, rufen die Eltern mit zirpenden Lauten nach ihnen. Dann füttern sie ihren Nachwuchs zunächst mit vorverdautem Aasbrei, den sie hervorwürgen. Nach wenigen Tagen wandern die Larven in den Kadaver ein und ernähren sich selbst.

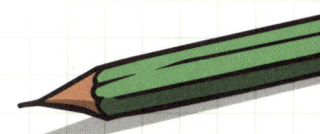

EIN FALL FÜR WALDDETEKTIVE

Viele Krabbeltiere hinterlassen Spuren auf Früchten und Blättern, durch die sie sich verraten – Haselnussbohrer gehören ebenso dazu wie verschiedene Gallwespen.

Am Waldrand wachsen viele Haselsträucher. Die Nüsse mag nicht nur das Eichhörnchen, sondern auch der Haselnussbohrer. Dieser kleine Rüsselkäfer legt seine Eier einzeln in junge Nüsse. Die geschlüpfte Larve findet darin ein sicheres Zuhause und genügend Nahrung. Im Spätsommer fällt die taube Nuss vom Strauch und die Larve verlässt sie.

Noch deutlichere Spuren hinterlässt die winzige Eichengallwespe: Die Larven wachsen einzeln in bis zu 2 cm großen, kugeligen Gallen auf Eichenblättern heran. Diese Gallen bildet das Blatt rund um das Ei, das die Gallwespe in das Blatt hineingelegt hat. Achte im Sommer und Herbst auf diese großen Kugeln, die fest mit dem Eichenblatt verbunden sind.

Die Gallen anderer Gallwespenarten sehen anders aus: Manche sind flach wie Münzen, schmal wie kleine Stiele oder erinnern an Zwiebeltürmchen. Besonders hübsch sind die Gallen der Rosengallwespe.

HASELNUSSBOHRER

6

 von Mai bis Juli unterwegs

 hellbraun-grau gefleckter Käfer mit sehr langem, dünnem Rüssel, Körperlänge 6 – 8 mm

junge Früchte, Haselnüsse

 Um ein Ei in die junge Nuss zu legen, nagt das Weibchen ein loch in die weiche Schale. Dieses wächst rasch wieder zu.

Schau mal!

Ein kleines Löchlein in der Nussschale stammt von der Larve des Haselnussbohrers: Sie nagt es hinein, um die leer gefressene Haselnuss zu verlassen. Sie verkriecht sich im Boden, in dem sie sich zum fertigen Käfer verpuppt.

EICHENGALLWESPE

 von Juli bis November unterwegs

 unscheinbar brauner Körper mit langen Fühlern und langen Flügeln, Körperlänge 3 – 4 mm

 keine; Larven: Gallengewebe

 Aus den Gallen schlüpfen nur weibliche Tiere, die im Frühjahr Eier in Knospen legen. Aus diesen entwickeln sich Männchen und Weibchen.

ROSENGALLWESPE

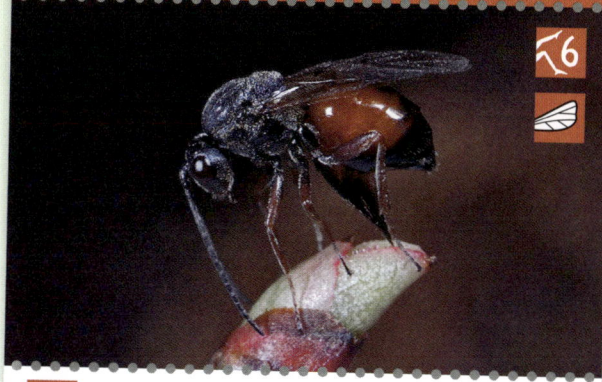

 von Mai bis November unterwegs

 unscheinbarer dunkler Körper mit rotbraunem Hinterleib, Körperlänge 3 – 5 mm

 keine; Larven: Gallengewebe

 In einer einzigen moosartigen Galle können bis zu 60 Larven heranwachsen.

71

Die Rosengallwespe legt ihre Eier auf Wildrosensträucher. Sie werden von der Rose mit einem zottig behaarten, bis zu 5 cm großen Knäuel umgeben – darin befinden sich mehrere Kammern mit je einer Larve. Früher sammelten die Menschen diese Gallen als Schlafäpfel und legten sie unters Kopfkissen.

SCHON GESEHEN?

UNTER DER BAUMRINDE

Die Baumrinde ist die Kinderstube verschiedener Insekten. Berühmt-berüchtigt sind die Borkenkäfer. Aber auch Bockkäfer und Wespen legen ihre Eier unter der Rinde ab.

Borkenkäfer haben im Wald eine wichtige Aufgabe: Sie zersetzen das Holz kranker und absterbender Bäume – so gelangt deren Substanz wieder in den Kreislauf der Natur. Treten sie jedoch in Massen auf, richten sie großen Schaden an! Bei uns leben mehr als 100 verschiedene Arten. Ihre Larven fressen sich durch Rinde und Holz und hinterlassen dabei ein typisches Fraßbild. Daran kann man erkennen, welche Borkenkäferart dort zugange war. Auch die Larven vom Roten Halsbock ernähren sich von Holz – meist kommen sie in Baumstümpfen von Fichten und Kiefern vor.

Wenn die große Holzwespen-Schlupfwespe ihren langen Legebohrer in die Rinde sticht, legt sie ein Ei in eine andere Larve! Meist in die einer Holzwespe, es kann aber auch Käferlarven treffen. Die Schlupfwespenlarve ernährt sich dann von der anderen Larve.

BORKENKÄFER

6

 von Mai bis Juli unterwegs

 sehr kleiner, schwarzer bis brauner, meist walzenförmiger Käfer, Körperlänge 4 – 5 mm

Holz

 Der bekannteste heimische Borkenkäfer heißt Buchdrucker, weil sein Fraßbild an arabische Schriftzeichen erinnert. Er frisst an Fichten.

Schau mal!

Das Fraßbild vom Buchdrucker besteht aus einem langen Gang, den die Mutter ins Holz genagt hat. Sie legt viele Eier darin ab, die schlüpfenden Larven fressen sich dann seitlich von diesem Gang ins Holz.

HOLZWESPEN-SCHLUPFWESPE

 von Juli bis September unterwegs

 sehr schlanker schwarzer Körper mit weißen Flecken, lange rote Beine, sehr lange Fühler, Weibchen mit körperlangem Legebohrer, Körperlänge 18 – 35 mm

 Honigtau; Larven: andere Insektenlarven

 Schlupfwespen sind Parasiten, die ihre Eier in die Larven anderer Insekten legen.

ROTER HALSBOCK

 von Juni bis September unterwegs

 rot- oder gelbbrauner, lang gestreckter Käfer mit körperlangen Fühlern, Körperlänge 10 – 20 mm

 Pollen, Nektar; Larven: Totholz

 Die Käfer sitzen oft zu mehreren auf großen Doldenblüten und fressen.

73

Schlupfwespen können hervorragend riechen – am Geruch erkennt die Schlupfwespenmutter, ob bis zu 3 cm tief in Holz und Rinde eine fremde Insektenlarve heranwächst. Mit ihrem langen Legebohrer betäubt sie diese Larve, die sich nun nicht mehr bewegen kann. Dann legt die Schlupfwespe ein Ei in den Körper der fremden Larve!

SCHON GESEHEN?

Legebohrer

JAGD AM WALDBODEN

74

Zwischen und unter dem welken Laub am Boden leben viele verschiedene Krabbeltiere: Springschwänze und Waldschaben zersetzen das Laub, Wolfsspinnen gehen auf die Jagd.

Die winzigen Springschwänze sind die häufigsten Insekten und Tiere bei uns im Wald. Auf einem Quadratmeter Waldboden leben bis zu 100.000 Springschwänze. Sie halten sich im und auf dem Erdboden auf, stets gut geschützt vom Laub. Dort ernähren sie sich von feinsten Pflanzenresten und anderen Feinstoffen.

Auch die Waldschaben fressen faulende und sich zersetzende Pflanzenteile. Sie huschen blitzschnell zwischen dem Laub am Boden umher. Dabei tasten sie mit ihren Fühlern ständig die Umgebung ab.

Wolfsspinnen fangen ihre Beute nicht mit aufgespannten Netzen, sondern lauern kleinen Insekten am Boden auf. Sobald sie eine Beute erspäht haben, überwältigen sie sie ganz plötzlich mit einem weiten Sprung. Mit einem giftigen Biss lähmen sie die Beute.

SPRINGSCHWANZ

6

 Du kannst ihn das ganze Jahr über entdecken.

 winzig kleine, längliche Insekten ohne Flügel, Körperlänge 1 – 4 mm

zerfallende Pflanzenreste, Aas und Kot

 Manchmal besiedeln Springschwänze auch Blumentöpfe – das macht nichts.

Schau mal!

Springschwänze fallen auf, wenn du das Falllaub am Boden beiseiteschiebst: Sie springen sofort in die Höhe und verschwinden springend zwischen dem Laub. Mit der Lupe erkennst du die Sprunggabel am Hinterleib.

WOLFSSPINNE

8

 von März bis Oktober unterwegs

 dunkelbrauner Körper mit helleren Streifen, Körperlänge 5 – 7 mm ohne Beine

 kleine Insekten

 Wolfsspinnen können sehr gut räumlich sehen: Vier ihrer acht Augen sind besonders groß.

WALDSCHABE

6

 von Mai bis Oktober unterwegs

 brauner, flacher Körper mit glänzenden Flügeln und sehr langen Fühlern, Körperlänge 7 – 11 mm

 Pflanzenreste

 Waldschaben sonnen sich an kühlen Vormittagen gern auf sonnigen Blättern am Boden.

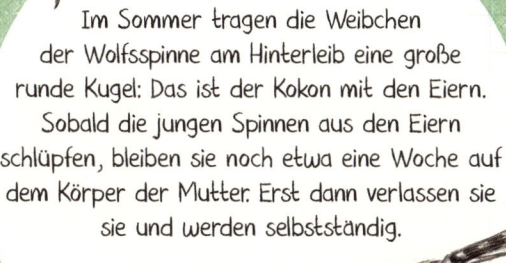

Im Sommer tragen die Weibchen der Wolfsspinne am Hinterleib eine große runde Kugel: Das ist der Kokon mit den Eiern. Sobald die jungen Spinnen aus den Eiern schlüpfen, bleiben sie noch etwa eine Woche auf dem Körper der Mutter. Erst dann verlassen sie sie und werden selbstständig.

SCHON GESEHEN?

UNTERWEGS AUF VIELEN BEINEN

76

Insekten haben sechs Beine, Spinnentiere acht – die meisten Beine haben Hundert- und Tausendfüßer. Obwohl keiner von ihnen tatsächlich 100 oder gar 1.000 Füße besitzt.

Tausendfüßer leben zwischen Falllaub am Boden und im sich zersetzenden Holz etwa von Baumstümpfen. Sie ernähren sich von abgestorbenen Pflanzenresten. Zur Abwehr versprühen sie ein übel riechendes Sekret. Hundertfüßer wie der Steinläufer sind hingegen gefährliche Jäger. Mit ihren Giftklauen überwältigen sie Insekten, Asseln und sogar Spinnen und töten sie mit einem Biss.

Zecken sind wohl die unbeliebtesten Krabbeltiere, sie kommen in Wäldern und auch auf Wiesen, in Parks und Gärten vor. Auf niedrigen Pflanzen lauern sie mit vorgestreckten Beinen auf ein warmblütiges Säugetier, das vorbeistreift. Dann suchen sie auf dem Körper ihres Opfers nach einer dünnhäutigen Stelle, in die sie ihren Rüssel zum Blutsaugen bohren. Das spürt man nicht. Wenn du eine Zecke bemerkst, musst du sie entfernen – merke dir die Stelle gut. Wenn sich dort rote Kreise bilden, solltest du sofort zu einem Arzt.

GEMEINER STEINLÄUFER

30

- Du kannst ihn das ganze Jahr über entdecken.
- rotbrauner, flacher Körper mit 15 Laufbeinpaaren und langen Fühlern, Körperlänge bis zu 32 mm
- Insekten, Spinnen, Asseln
- Tagsüber verstecken sie sich unter Steinen und in anderen Verstecken, nachts jagen sie.

Schau mal!

Fasse keinen Hundertfüßer an, er könnte dich beißen – und das ist sehr schmerzhaft! Mit der Lupe erkennst du am Kopf die beiden großen Kieferklauen.

DOPPELFÜSSER, SCHNURFÜSSER

⚏ BIS **100**

🚫🐜

📅 Du kannst ihn das ganze Jahr über entdecken.

🔲 länglicher, dunkler Körper aus vielen gleichen
Segmenten, zwei Beinpaare pro Segment,
Körperlänge bis zu 60 mm

🍴 Pflanzenreste

🏆 Um den weichen Bauch zu schützen, rollen sich
Tausendfüßer bei Bedrohung seitlich zusammen.

ZECKE

⚏ **8**

🚫🐜

📅 von März bis Oktober unterwegs

🔲 winziger brauner, extrem flacher Körper,
Körperlänge 2 – 4 mm

🍴 Blut

🏆 Nach der Blutmahlzeit legt das Weibchen bis
zu 3.000 Eier. Zecken können sehr gefährliche
Krankheiten übertragen.

SCHON GESEHEN?

🔍

Bei den Hundertfüßern sitzt an jedem
Körpersegment ein Paar Beine. Bei den
Tausendfüßern sind es sogar zwei Laufbein-
paare, also vier Beine pro Segment. Tropische
Tausendfüßer können bis zu 350 Beinpaare
haben und bis zu 30 cm lang werden.

C-FALTER

🗓 von April bis Oktober unterwegs

🐛 orange-brauner Falter mit tief gebuchteten Flügelrändern, weißes C auf der Flügelunterseite, Körperlänge etwa 20 mm, Flügelspannweite 42 – 50 mm

🍴 Nektar; Raupen: Blätter verschiedener Pflanzen

🏆 Nach der Winterruhe sonnt sich dieser Falter gern im Frühjahr mit ausgebreiteten Flügeln.

BRAUNER BÄR

🗓 von Juni bis September unterwegs

🐛 braune Vorderflügel mit weißen Linien, rot-orange Hinterflügel mit dunkelblauen Flecken, Körperlänge etwa 20 mm, Flügelspannweite 45 – 65 mm

🍴 keine; Raupen: Blätter von Schlehe, Himbeere u.a.

🏆 Die braunen, langhaarigen Raupen gaben diesem nachtaktiven Falter seinen Namen.

SKORPIONSFLIEGE

🗓 von Mai bis August unterwegs

🐛 gelb-schwarzer Körper mit gefleckten Flügeln, langer »Schnabel«, Männchen mit skorpion-ähnlichem Hinterende, Körperlänge bis zu 18 mm

🍴 tote und geschwächte Insekten, Nektar, Früchte

🏆 Skorpionsfliegen klauen ihre Nahrung gern aus Spinnennetzen. Das Männchen kann mit seinem »Schwanz« nicht stechen!

GROSSER WOLLSCHWEBER

🔍6

 von März bis Juni unterwegs

 hummelartige Fliege mit braunem Pelz und sehr langem Saugrüssel, der nach vorne gerichtet ist, Körperlänge 9 – 12 mm

 Nektar; Larven: Pollen, Nektar

 Mit dem Saugrüssel saugt er Nektar aus tiefen Blüten, stechen kann er damit nicht.

ZITRONENFALTER

🔍6

von Februar bis September unterwegs

gelber Falter, Männchen mit leuchtend gelben Flügeln, Weibchen blass grünlich weiß, Körperlänge etwa 25 mm, Flügelspannweite 50 – 55 mm

Nektar; Raupen: Blätter von Faulbaum und Kreuzdorn

Der Zitronenfalter ist der erste Schmetterling, der im Frühling fliegt.

MAIKÄFER

🔍6

 von April bis Juni unterwegs

 brauner Käfer mit schwarzem Halsschild, gefächerte Fühler, Körperlänge 20 – 30 mm

 Blätter von Laubbäumen; Larven: Wurzeln

 Die Larven leben 3 – 4 Jahre im Erdboden, in manchen Jahren kommen massenhaft Maikäfer vor, die dann ganze Bäume kahl fressen.

SCHON GESEHEN?

* Die Libelle. Als Pilot braucht man gute Augen! (S.82)

80

Wasserläufer laufen auch im Sommer auf der Wasseroberfläche Schlittschuh, sogar auf Pfützen.

Wer hat so große Augen?*

NAH AM WASSER

In der warmen Jahreszeit sind Bäche, Flüsse, Teiche und Seen voller Leben: Vor allem dort, wo viele Wasserpflanzen wachsen, tummeln sich unzählige Kleintiere zwischen den Stängeln und Blättern. Sie zu entdecken, ist aber nicht ganz einfach – vor allem musst du aufpassen, dass dir dabei nichts passiert. Wähle daher für deine Erkundungen stets nur sichere Stellen an flachen Ufern.

Viele Wasser-Krabbeltiere halten sich auf der Unterseite großer Schwimmblätter auf – du musst nur die Blätter umdrehen. Mit einem Kescher kannst du Wassertiere fangen und in eine mit Wasser gefüllte Becherlupe setzen. Bleib zum Beobachten im Schatten, damit sich das Wasser nicht erhitzt. Danach lässt du die Tiere wieder frei.

Du brauchst einen sehr feinen Kescher. Ziehe ihn langsam in Form einer Acht durch das Wasser.

FLUG-AKROBATEN

Paarungsrad der Azurjungfer

Libellen gehören zu den schönsten Insekten: Während die erwachsenen Tiere mit ihren Flugkünsten begeistern, leben die Larven am Grund von Teichen und Bächen.

Libellen kommen vor allem an den Ufern von Gewässern vor. Dort schießen sie bei der Jagd nach fliegenden Insekten pfeilschnell durch die Luft. Zur Paarung ergreift das Männchen ein Weibchen mit seinen Hinterleibszangen hinter dem Kopf. In dieser Tandemhaltung fliegt das Paar herum, bis das Weibchen seinen Hinterleib nach vorne biegt und sich mit dem Männchen im Flug paart. Dabei sehen die beiden Libellen wie ein Herz aus – Paarungsrad nennt man diese Flugformation. Nach der Paarung löst sich das Paar und das Weibchen legt seine Eier im Wasser ab. Daraus schlüpfen gefräßige Larven, die mehrere Jahre am Gewässerboden leben. Ihre Mundwerkzeuge sind eine Fangmaske, die blitzschnell hervorschießt, um Wasserflöhe, Kaulquappen und kleine Fische zu packen.

Hier bei uns leben etwa 85 Libellenarten. Am häufigsten kommen die Blaugrüne Mosaikjungfer und die kleine Hufeisen-Azurjungfer vor. Plattbauch-Libellen fallen durch ihren dicken Hinterleib auf.

BLAUGRÜNE MOSAIKJUNGFER

6

 von Juni bis November unterwegs

 langer, schwarzer Körper mit leuchtend grünen und blauen Flecken, durchsichtige Flügel, Körperlänge etwa 50 mm, Flügelspannweite bis zu 11 cm

 Insekten; larven: Wassertiere

Diese große Libelle jagt auch gern fern von Gewässern entlang von Waldwegen.

Schau mal!

Beobachte eine Libelle im Flug: Sie kann ihre Flügelpaare unabhängig voneinander bewegen, sodass sie auch in der Luft stehen bleiben und sogar seitwärts und rückwärts fliegen kann.

HUFEISEN-AZURJUNGFER

 von Mai bis September unterwegs

 kleiner, sehr schlanker Körper, Männchen leuchtend blau mit schwarzem Muster, Weibchen gelblich grün, Körperlänge etwa 25 – 30 mm, Flügelspannweite 40 – 50 mm

 Insekten; Larven: Wassertiere

 Die Männchen halten ihre Weibchen hinter dem Kopf gepackt, während diese ihre Eier an Wasserpflanzen ablegen.

PLATTBAUCH

 von Mai bis August unterwegs

 sehr breiter Hinterleib, Männchen leuchtend blau, Weibchen gelbbraun, Körperlänge etwa 50 mm, Flügelspannweite 65 – 80 mm

 Insekten; Larven: Wassertiere

 Die Männchen sitzen gern an hohen Halmen am Teichufer und warten dort auf Weibchen.

SCHON GESEHEN?

Wenn du beobachten möchtest, wie sich eine Larve zur Libelle häutet, musst du im Sommer am ersten sonnigen Morgen nach mehreren Regentagen einen Teich besuchen. Dann klettern die Larven an Pflanzenstängeln aus dem Wasser und klammern sich daran fest – die Libellen schlüpfen aus der Larvenhaut.

Larve des Gelbrandkäfers

TAUMEL- UND TAUCHKÄFER

Käfer haben fast alle Lebensräume der Erde erobert, auch die Gewässer. Manche können super tauchen, andere treiben an der Oberfläche oder knabbern an Seerosenblättern.

Der Gelbrandkäfer lebt zwischen dichten Wasserpflanzen in Tümpeln, Teichen und Weihern. Dort ist nicht nur dieser Schwimmkäfer, sondern auch seine bis zu 6 cm lange Larve ein flinker Jäger: Beide erbeuten alles, was sie überwältigen können, selbst Fische,

die größer sind als sie selbst. Wenn die Larve ihre endgültige Größe erreicht hat, verlässt sie das Wasser und verpuppt sich im Erdboden zum fertigen Käfer.

Auf der Wasseroberfläche ziehen die kleinen Taumelkäfer in hohem Tempo ihre Kreise. Bei Bedrohung tauchen sie rasch unter. Ihre Larven leben am Gewässerboden. Entdeckst du unregelmäßige Löcher in großen Seerosenblättern, dann waren dort Seerosenblattkäfer tätig – oder ihre Larven. Sie knabbern nur so tief, dass die untere Blattschicht erhalten bleibt und das Blatt weiterhin schwimmt.

GELBRANDKÄFER

6

 von April bis Oktober unterwegs

 sehr großer, grünbrauner Käfer mit gelb gerandetem Halsschild und Flügelseiten, gelbe Beine, Körperlänge 27 – 35 mm

 im Wasser lebende Insektenlarven, Kaulquappen, kleine Fische, Molche

 Der Gelbrandkäfer wird bis zu fünf Jahre alt. Er kann auch gut fliegen – zum Beispiel in andere Gewässer.

Schau mal!

Beim Tauchen führt der Gelbrandkäfer einen Vorrat an Atemluft unter den Flügeldecken, beim Auftauchen an die Wasseroberfläche erneuert er ihn immer wieder.

TAUMELKÄFER

📅 von März bis Oktober unterwegs

🦝 kleiner schwarzer, linsenförmiger Körper mit Ruderbeinen, Körperlänge 5 – 7 mm

🍴 Insekten auf und im Wasser

🏆 Die kurzen Fühler liegen dem Wasser auf und nehmen feinste Schwingungen der Oberfläche wahr.

SEEROSENBLATTKÄFER

📅 von April bis Juni und von August bis Oktober

🦝 hell- bis dunkelbrauner Käfer mit helleren Streifen an Halsschild und Flügeldeckenseiten, Körperlänge 6 – 7 mm

🍴 Blätter von See- und Teichrosen

🏆 Dieser kleine Blattkäfer verbringt sein ganzes Leben auf den Blättern, dort legt er seine Eier ab und dort verpuppt sich auch die Larve vom fertigen Käfer.

SCHON GESEHEN?

🔍 Taumelkäfer haben vier Augen: Mit den beiden unteren Augen schauen sie unter Wasser, mit den beiden oberen Augen über Wasser. So nehmen sie gleichzeitig wahr, was im Wasser und im Luftraum über dem Wasser passiert.

WANZEN-WASSERSPORT

Nicht nur die Käfer, auch einige Wanzen sind zum Wasserleben übergegangen. Am häufigsten und auffallendsten unter den Wasserwanzen ist der Wasserläufer.

Fast auf jedem Gewässer, sogar auf Pfützen, kommt der Wasserläufer vor. Mit seinen langen mittleren und hinteren Beinen gleitet er wie ein Schlittschuhläufer auf der Wasseroberfläche. Nimmt er mit seinen Füßen wahr, dass ein Insekt auf das Wasser gefallen ist, gleitet er sofort herbei und ergreift es.

Wie alle Wanzen besitzt auch er einen langen, festen Saugrüssel, den er dicht an seinen Bauch klappt, wenn er ihn nicht braucht.

Der Rückenschwimmer hängt meist mit dem Rücken nach unten an der Wasseroberfläche. Dabei spreizt er seine langen Hinterbeine mit den Schwimmhaaren weit ab – mit ihnen schwimmt diese Wanze durchs Wasser. Zwischen Wasserpflanzen versteckt, hält sich der Wasserskorpion auf. Er fängt seine Beute mit seinen beiden kräftigen Fangarmen, die er blitzschnell zusammenklappen kann.

WASSERLÄUFER

📅 von April bis Oktober unterwegs

🔲 länglicher bräunlicher Körper, lange Mittel- und Hinterbeine, Körperlänge 8 – 10 mm ohne Beine

🍴 Insekten

🏆 Mit seinem langen Rüssel saugt er seine Beute aus – oder sticht schmerzhaft zu! Deshalb nennt man ihn auch »Wasserbiene«.

Schau mal!

Beobachte einen Wasserläufer: Seine Beine bilden kleine Dellen auf der Wasseroberfläche, auf der er sich ruckartig vorwärtsbewegt. Wasserläufer können auch weit springen, die im Herbst lebenden Individuen sogar fliegen.

RÜCKENSCHWIMMER

📅 Du kannst ihn das ganze Jahr über entdecken.

🐛 flacher, ovaler Körper mit großen Augen und sehr langen Hinterbeinen, Körperlänge bis zu 15 mm

🍴 Insekten

🏆 Rückenschwimmer können sehr gut und sehr weit fliegen – so besiedeln sie neue Gewässer.

WASSERSKORPION

📅 Du kannst ihn das ganze Jahr über entdecken.

🐛 dunkel graubrauner, kräftiger flacher Körper, Vorderbeine zu Fangbeinen umgewandelt, Körperlänge 17 – 25 mm

🍴 Kleinkrebse, im Wasser lebende Insektenlarven, Kaulquappen, junge Fische

🏆 Das etwa 1 cm lange Rohr am Hinterleibsende ist kein Stachel, sondern ein Atemrohr, also gewissermaßen ein Schnorchel.

SCHON GESEHEN?

Nimm keine Wasserwanze in die Hand, denn sie kann stechen. Um eine Wasserwanze zu beobachten, solltest du sie mit einem Kescher oder Gefäß fangen und in einem mit Wasser gefüllten, durchsichtigen Behälter beobachten. Lass sie danach wieder dort frei, wo du sie gefangen hast.

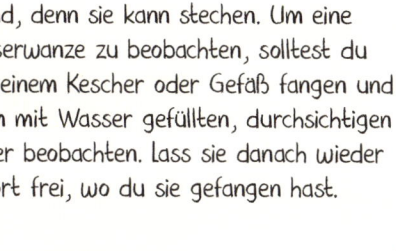

Larve einer Steinfliege

FLIEGEN, DIE KEINE SIND

88

Eintags-, Köcher- und Steinfliegen tragen zwar die »Fliege« im Namen, sie sind aber keine Zweiflügler und daher überhaupt nicht mit Fliegen und Mücken verwandt.

Wie ihr Name vermuten lässt, leben Eintagsfliegen nur kurze Zeit. Du erkennst sie an den Schwanzfäden, die länger als der Körper sind. Sie haben keine Mundwerkzeuge, denn sie fressen überhaupt nichts – Fortpflanzung ist ihr einziger Lebenszweck. Dazu bilden sie oft riesige Schwärme, die nach Paarung und Eiablage im Wasser zugrunde gehen.

Auch Steinfliegen leben nur höchstens zwei Wochen, während ihre Larven bis zu drei Jahre lang im Wasser Insektenlarven jagen. Steinfliegen sind ziemlich träge – sie sitzen tagsüber meist auf Blättern im Uferbereich.

Köcherfliegen ruhen ebenfalls tagsüber auf Blättern, erst bei Dunkelheit fliegen sie umher. Viele von ihnen legen ihre Eier auf Zweige und Blätter, die übers Wasser ragen. Wenn es regnet, quellen die Eier auf und die kleinen Larven fallen ins Wasser. Dort verbringen sie mehrere Jahre, bis sie sich zum erwachsenen Tier entwickelt haben. Bei uns gibt es rund 400 verschiedene Arten von Köcherfliegen.

EINTAGSFLIEGE

 von Februar bis November unterwegs

 schlanker Körper mit zwei bis drei sehr langen Schwanzfäden, Körperlänge 6 – 12 mm

keine; Larven: Algen, Reste von Tieren und Pflanzen

 Die Larven leben bis zu drei Jahre im Wasser und sind wichtige Nahrung für viele Fische.

Schau mal!

Auch die Larven der Eintagsfliegen tragen am Schwanzende die typischen drei langen Fäden. Der aus vielen Segmenten zusammengesetzte Hinterleib ist mit haarigen Kiemen besetzt.

KÖCHERFLIEGE

 von Februar bis November unterwegs

 brauner Körper mit fein behaarten Flügeln, die in Ruhe dachförmig auf dem Rücken zusammengelegt werden, Körperlänge 8 – 20 mm

Nektar; Larven: kleine Wassertiere oder Algen

 Köcherfliegen werden oft mit Nachtfaltern verwechselt, denn auch sie lassen sich nachts von Licht anlocken.

STEINFLIEGE

 von Februar bis November unterwegs

 lang gestreckter, meist brauner Körper mit vier großen Flügeln und zwei Schwanzfäden, Körperlänge 4 – 30 mm

keine; Larven: Insektenlarven

 Dort, wo Steinfliegen vorkommen, ist das Wasser in Bach, Fluss, Tümpel und Weiher sauber.

SCHON GESEHEN?

 Namensgebend für die Köcherfliegen ist der Köcher, den die Larven zum Schutz um ihren weichen Körper bauen. Als Baumaterial verwenden sie Steinchen, Stängel, Schneckenhäuschen und ähnliches Material, das sie am Gewässergrund finden.

SCHNECKEN UNTER WASSER

Hast du gewusst, dass im Wasser mehr Schnecken leben als an Land? Die häufigste und größte Gehäuseschnecke unserer Teiche und Weiher ist die Spitzschlammschnecke.

Manche Wasserschnecken atmen wie Fische über Kiemen, andere über Lungen. Die drei Arten, die du hier siehst, gehören zu den Lungenschnecken. Sie müssen regelmäßig an die Wasseroberfläche kommen, um Luft zu atmen. Die Posthornschnecke kann zusätzlich Sauerstoff über die Haut aus dem Wasser aufnehmen und an roten Blutfarbstoff binden.

Die Spitzschlammschnecke hängt sich zum Atmen gern an die Wasseroberfläche. Wasser bildet an seiner Oberfläche eine ganz dünne Haut – darauf gleitet sie auf ihrem schleimigen Fuß. Sie kann aber auch gut schwimmen.

An sumpfigen Ufern kommt die Bernsteinschnecke vor. Sie hält sich meist auf feuchtem Laub oder an Schilfstängeln auf, die aus dem Wasser ragen. Ihr Gehäuse ist so dünn, dass du hindurchsehen kannst. Es ist auch so klein, dass die Schnecke sich nicht ganz in das Gehäuse zurückziehen kann.

SPITZSCHLAMMSCHNECKE

 Du kannst sie das ganze Jahr über entdecken.

 spitz zulaufendes Gehäuse, grauer bis brauner Weichkörper mit großen, dreieckigen Fühlern, Körperlänge 45 – 70 mm

 Algen, verrottende Wasserpflanzen, Aas, Laich

Bei Bedrohung scheidet sie ein Sekret aus und lässt sich auf den Gewässergrund sinken.

Schau mal!

Spitzschlammschnecken werden auch oft in Aquarien gehalten, denn sie weiden die Algenbeläge auf den Scheiben ab. Das kannst du genau beobachten und auch, wie die Schnecke über die Scheibe gleitet.

BERNSTEINSCHNECKE

📅 von März bis Oktober unterwegs

🐌 dünnes, fast durchsichtiges, zerbrechliches Gehäuse, Körperlänge 10 – 15 mm

🍴 sich zersetzende Pflanzenreste

🏆 Fällt die Bernsteinschnecke ins Wasser, so kann sie auch längere Zeit unter Wasser überleben.

POSTHORNSCHNECKE

📅 Du kannst sie das ganze Jahr über entdecken.

🐌 flaches, aufgerolltes Gehäuse, sehr dunkler Weichkörper, Körperlänge bis zu 40 mm

🍴 Algen, verrottende Wasserpflanzen, auch Aas

🏆 Die Posthornschnecke kommt auch in sehr sauerstoffarmen Gewässern vor.

SCHON GESEHEN?

Die Spitzschlammschnecke hat breite lappige Fühler, mit denen sie auch Sauerstoff aufnehmen kann. Die Augen sitzen nicht auf den Enden der Fühler, sondern an ihrer Basis. Wenn sie sich bedroht fühlt, stößt sie die Luft aus ihrer Atemhöhle aus und sinkt nach unten.

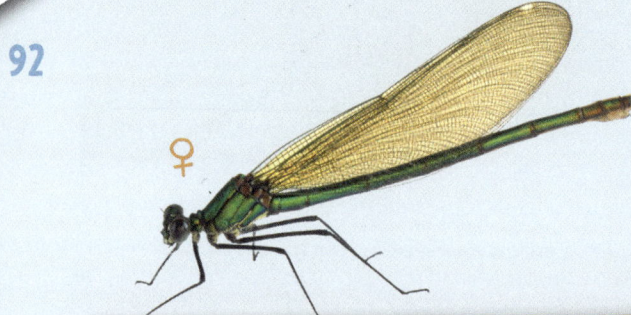

PFERDEEGEL

0

📅 Du kannst ihn das ganze Jahr über entdecken.

🐛 Rücken braun bis schwarzbraun mit dunklen Flecken, Bauch heller, Körperlänge gestreckt bis zu 10 cm

🍴 kleine Wassertiere, auch Regenwürmer, Laich

🏆 Pferdeegel können eine lange Zeit ohne Nahrung auskommen.

GEBÄNDERTE PRACHTLIBELLE

6

📅 von Mai bis September unterwegs

🐛 Männchen metallisch blaugrün und Flügel mit großem dunkelblauem Fleck, Weibchen grün mit grünlichen, flecklosen Flügeln, Körperlänge etwa 50 mm, Flügelspannweite 60 – 70 mm

🍴 Insekten; Larven: Wassertiere

🏆 Diese Libelle kommt an Bächen und Flüssen vor, an deren Ufer die Männchen entlangfliegen.

ZUCKMÜCKE

6

📅 von März bis Oktober unterwegs

🐛 stechmückenähnlicher Körper mit langen Vorderbeinen, die wie Fühler nach vorne gerichtet sind, Körperlänge 2 – 14 mm

🍴 Nektar, Honigtau; Larven: Schwebteilchen im Wasser

🏆 Zuckmücken bilden wolkenähnliche Schwärme und sind eine wichtige Nahrung für Schwalben.

BACHFLOHKREBS

↖10

🗓 Du kannst ihn das ganze Jahr über entdecken.

🐾 schmaler, hoher brauner Körper mit zehn laufbeinen und sechs umgebildeten Brustbeinen, Körperlänge bis zu 21 mm

🍴 Falllaub am Gewässergrund, kleine Schwebteilchen im Wasser

🏆 Der Bachflohkrebs lebt versteckt unter Steinen oder Wasserpflanzen am Grund von Bächen.

WASSERSPINNE

↖8

🗓 von April bis Oktober unterwegs

🐾 dunkelbrauner oder beigegelber Körper, Körperlänge bis zu 15 mm

🍴 kleine Wassertiere

🏆 Sie ist die einzige Spinne, die unter Wasser lebt. Sie baut zwischen Wasserpflanzen eine luftgefüllte Wohnglocke.

TEICHMUSCHEL

↖0

🗓 Du kannst sie das ganze Jahr über entdecken.

🐾 breite, dünnrandige gelbliche bis bräunliche Schalen mit ovalem Streifenmuster, Körperlänge bis zu 20 cm

🍴 kleine Schwebteilchen im Wasser

🏆 Die Teichmuschel filtert mit ihren Kiemen kleine pflanzliche und tierische Schwebstoffe aus dem Wasser – dabei reinigt sie es.

SCHON GESEHEN?

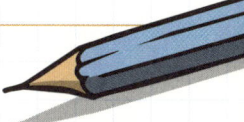

REGISTER

94

95

IMPRESSUM

Unser gesamtes lieferbares Programm und viele weitere Informationen zu unseren Büchern, Spielen, Experimentierkästen, DVDs, Autoren und Aktivitäten findest du unter **kosmos.de**

FSC® MIX Papier aus verantwortungsvollen Quellen FSC® C084279 www.fsc.org

Gedruckt auf chlorfrei gebleichtem Papier

© 2020, Franckh-Kosmos Verlags-GmbH & Co KG, Stuttgart
Alle Rechte vorbehalten
ISBN 978-3-440-16806-6
Text: Bärbel Oftring
Redaktion: Franka Nickel
Layout & Satz: Andrea Köhrsen, Kiel
Produktion: Verena Schmynec
Druck und Bindung: Print Consult GmbH, München
Printed in Slovakia / Imprimé en Slovaquie

BILDNACHWEIS

Umschlaggestaltung von Andrea Köhrsen, Kiel unter Verwendung eines Fotos von nechaevkon/Adobestock.com (Maikäfer)

Mit Illustrationen von: Marianne Golte-Bechtle: S. 4 l., 7 l.o., 7 l.m., 13 o., 14 r., 19 l. (beide), 21 l., 23 r., 30, 31 l.m., 33, 34, 35 beide, 36 l., 38, 39, 58, 63, 61, 64, 70, 75 (beide), 73 r., 86, 88; Gerhard Schmid: S. 4 r., 18 l., 83 r.; Julie Sodré: S. 1 u.; 6 r.o., 28 r.o., 29 r.o., 36 r., 37, 40, 54 l.u.; Esther von Hacht: S. 43, 54 r.o., 72 r., 89 l.o.; Steffen Walentowitz: S. 1 r.o., 6 l.m., 23 l., 25 l., 44, 46, 53, 55, 68, 69 (beide) 71 l., 72 l., 73 l., 76 l., 78, 81, 83 l., 89 u. beide; Jürgen Willbarth: S. 47 l.u., 77, 82.

Mit Fotografien von: Naturfoto Hecker/Frank Hecker: S. 11 l., 11 m., 40 r.u., 44 r.; 45 l.u., 45 r.u., 51 l.o. , 55 l.u., 63 l.o., 64, 74, 76, 87 m.; Heiko Bellmann/Frank Hecker: S. 93 o. (beide); Heiko Bellmann/Kosmos: S. 11 r., 71 r., 85 r.u., 87 l.o., 91 r.; U. Burkhardt/Wikimedia Commons: S. 74 r.

Adobestock.com: butterfly-photos.org, S. 57 l.u.; cherokee4: S. 34 r.u.; Ernie: S. 29 (Ameisenlöwe); gabort: S. 9 r.m.; Henrik Larsson: S. 49 r.o.; Holger: S. 56, Krabbenspinnen Augen; Klaus Eppele: S. 77 r.o.; lichtpinzel: s. 41 l.u.; Maciej Olszewski: S.37 l.u.; Marek R Swadzba: S. 5 r.u., 29 r.o., 69 r.o.; Papa Bravo: S. 86 r.o.; Rainer Fuhrmann: S. 62 r.u.; rcfotostock: S. 26 r.u.; Tim's insects: S. 7 l.u.

Shutterstock.com: 23frogger: S. 88 r.o.; A.S.Floro: S. 65 r.u.; AB Photostudio: S.93 l.u.; Afanasiev Andrii: S.59 l.o.; Ahturner: S. 56 Augen Kreuzspinne; AjayTvm: S. 76 l.u.; Akima Futura: S. 20 r.u.; Aleksandar Dickov: S. 27 l.u.; Aleksey Stemmer: S. 79 l.u.; Alena Brozova: S. 11 r.m.; AlexCsabo: S. 31 l.o.; alslutsky: S.92 l.u.; Althea Gianera: S. 83 l.u.; AlxYago: S. 59 l.u.; Amelia Martin: S. 90 l.u.; AMNAT DPP: S. 46 r.u.; Anja Goetz: S. 6 l.u.; Ann in the uk: S. 81 l.u.; Anna Seropiani: S. 8 r.u.; Arto Hakola: S. 33 l.u.; Bildagentur Zoonar GmbH: S. 17 l.u.; Bjoern Wylezich: S. l.u.; Bruce MacQueen: S. 30 r.u.; BushAlex: S. 24 r.u.; Chamois huntress: S. 61 l.u., S. 78 l.; Cherdchai Chaivimol: S. 36 r.u.; Chotiwut Techakijvej: S. 84 l.; Chris Moody: S. 39 l.u.; ChWeiss: S. 21 r.o.; Clark Ukidu: S. 50 r.o.; Cornel Constantin: S. 15 l.o.; Cosmin Manci: S. 85 l.m.; cosmopolit: S. 48 r.o.; Cristian Gusa: S. 45 l.o.; Czesznak Zsolt: S. 60 Hauptmotiv; D. Kucharski K. Kucharska: S. 10 r.o., 41 r.u., 70 r.o.; Denis Vesely: S. 52 r.o.; Dennis Jacobsen: S. 12, 35 Silberfischchen; Dirk Daniel Mann: S. 79 r.o.; Dirk Wegman: S. 6 l.o.; dmleonov: S. 45 r.o.; Ed Phillips: S. 16 l., 18 r.o.; Eduardo Estellez: S. 52 l.u.; Eileen Kumpf: S. 89 r.o.; Elliotte Rusty Harold: S. 33 l.u.; emka74: S. 73 l.o.; epioxi: S. 18 r.u.; Eric Isselee: S. 48 r.u., 91 l.u.; Erik Karits: S. 40 r.o.; Gallingo_media: S. 68 r.; Gtranquillity: S. 22 l.; hadot 760: S. 26 r.; Henri Koskinen: S. 61 r.u., 78 r.u.; Henrik Larsson: S. 34 l., 85 r.; HHelene: S. 88 r.u.; Holger Kirk: S. 25 r.; Ian Grainger: S. 37 r.; Igor Krasilov: S.92 l.u.; ileana_bt: S. 8 r.u.; images72: S. 9 r.o.; InsectWorld: S. 28 l.; irin-k: S. 43 r.; Irina Kozorog: S. 7 Blattlausgeburt; Ivan Marjanovic: S. 75 l.; Jan Miko: S. 80 Wasserläufer; Jaro Mikus: 41 l.o.; Jiri Vavricka: S. 7 r.o., 83 r.o.; Karel Zahradka: S.27 l.o.; Kazakov Maksim: 92 r.o.; khlungcenter: 92 r.u.; Klimek Pavol: S. 62 r.o.; Kovalchuk Oleksandr: S. 66 r.; kraichgaufoto: S. 19 r.; KRIACHKO OLEKSII: S. 67 l.o.; Kristina Postnikova: S. 58 r.o.; LAK WONGKHAN: Nest Wiesenschaumzikade S. 11, 58; lcrms: S. 9 l.u., 13 l.; Maciej Olszewski: S. 39 r., 49 l.u., 57 l.o.; Manfred Ruckszio: S. 16 r.; Marek Mierzejewski: S. 24 l., 65 r.; Marek R. Swadzba: S. 22 r.u., 32 l., 53 l., 67 l.u. (beide); Martin Fowler: S.58 r.u.; Martina Unbehauen: S.27 r.; Maslowski Marcin: 31 r.; Matt Ledwinka: S.51 r.; MF Photo: S. 47 r., 67 Eichenbock Flug; Mirko Graul: S. 49 l.o.; MP cz: S. 84 r.u.; muuraa: S. 69 r.u.; Naruwan Brock: S.6 r.; Natalia van D: S. 10 r.u.; Nenad Nedomacki: S. 40 l.; OlgaKok: S. 15 l.u.; Origo: S. 8 l.u.; Ox Karol: S. 20 r.o.; ozgur kerem bulur: S. 21 r.u.; P_vaida: S.79 l.o.; PeJo: S. 25 l.u.; petrovichlili: S. 25 l.o.; PHOTO FUN: S. 90 r.o.; Przemyslaw Muszynski: S. 87 r.o.; R K Hill: S. 53 r.; R. Maximiliane: S. 4 r., 71 r.; Radu Bercan: S. 20 l.; Rainer Fuhrmann: S. 38 l.; raksapon: S. 77 u.m.; Rod Williams: 44 l.; Runhart Fotografie: S. 47 l.; Sandra van der Steen: S. 25 l.m.; Sandusit Noom: S. 32 r.; schankz: S. 29 l.u., 85 l.o.; scubaluna: S. 90 r.u.; shahriarr: S. 80 Libellenauge; silvergull: S. 78 r.u.; Simone van den Berg: S. 4 l.m.; skydie: S. 5 l.m., 21 l.u., 81 l.; Stanislava Karagyozova: S. 59 r., 75 r.; Stefan Holm: S. 82 l.; Sven Fuchs: S. 52 r.u.; Tatevosian Yana: S. 4 u.m.; thatmacroguy: S. 39 l.o.; Tiberiu Sahlean: S. 67 r.o.; Timelynx: S. 15 r.o., 17 l.o.; Titouan Barault: S. 42 Hauptmotiv; TOM KAROLA: S. 48 l.; tony mills: S. 91 l.o.; TTstudio: S. 66 l.; Umomos: S. 63 l.m.; Vadim Petrakov: S. 86 r.u.; Viktor Okhrimenko: S. 55 r.; Vitalii Hulai: S. 84 r.o.; Vlasto Opatovsky: S. 43 l., 51 l.u.; vnlit: S. 8 r.m., 50 r.u.; vsnyder88: S. 38 r.; vvpopov: S. 57 r.; Yuttana Joe: S. 17 r.